Liane und das Land der Geschichten

Ein Buch über die Magie des Lesens

ELIF SHAFAK

Liane
UND DAS LAND
DER GESCHICHTEN

Ein Buch über die Magie
des Lesens

Mit Illustrationen von Zafer Okur
Aus dem Türkischen von Gerhard Meier

arsEdition

Bibliografische Information der Deutschen Nationalbibliothek
Die Deutsche Nationalbibliothek verzeichnet diese Publikation
in der Deutschen Nationalbibliografie; detaillierte bibliografische
Daten sind im Internet über http://dnb.d-nb.de abrufbar.

Noch mehr Freude ...

... mit Kinderbüchern für pures Vergnügen!
www.arsedition.de

Das Neuste von arsEdition im Newsletter:
abonnieren unter **www.arsedition.de/newsletter**

FSC
www.fsc.org
MIX
Papier aus verantwor-
tungsvollen Quellen
FSC® C014496

Originaltitel: Sakız Sardunya
Die Originalausgabe ist 2014 im Verlag Doğan Egmont Yayıncılık erschienen

© für diese Ausgabe 2020 arsEdition GmbH, Friedrichstraße 9, 80801 München
Alle deutschsprachigen Rechte vorbehalten
Text: Elif Shafak
Übersetzung: Gerhard Meier
Innenillustrationen: Zafer Okur
Covergestaltung: Grafisches Atelier arsEdition, unter Verwendung
einer Illustration von Mila Marquis

ISBN 978-3-8458-3802-1

www.arsedition.de
www.elifsafak.com

Inhalt

Kapitel eins

DAS MÄDCHEN, DAS SEINEN NAMEN NICHT MOCHTE

Im dritten Stock eines blauen Wohnhauses an einer breiten Straße in einer großen Stadt wohnte ein Mädchen. Sie war weder besonders groß noch besonders klein und hatte braune Haare, die im Sommer einen blonden Schimmer bekamen, im Herbst dagegen einen rötlichen. Ein wenig dünn mochte sie sein, doch mager war sie nicht. Sie hatte ein rundes Gesicht und kastanienbraune Augen. Ihre Lieblingsbeschäftigungen waren lesen, Musik hören, Filme sehen, zeichnen, Ball spielen, seilspringen und Schokoladenplätzchen backen. Wenn sie für sich allein war, sah sie gern zu den Wolken hinauf und suchte nach irgendwelchen Formen. Manchmal sah eine Wolke wie eine Schnecke aus, manchmal wie eine Giraffe. Manchmal erblickte das Mädchen darin einen leckeren Hamburger, manchmal ein tropfendes Vanilleeis.

Ihre Lieblingstiere waren Katzen, Hunde, Ziegen, Pferde und gestreifte Eichhörnchen. Von Letzteren war ihr zwar noch nie eins begegnet, aber sie mochte sie trotzdem, und in ihrem Zimmer hingen viele Fotos davon.

Schon seit jeher wünschte sie sich eine Katze. Oder einen Hund. Oder eine Ziege. Oder ein Pferd. Ihre Mutter aber sagte jedes Mal nur: »Kommt nicht infrage! Gegen Katzen bin ich allergisch, Hunde bellen und Ziegen meckern, das können wir unseren Nachbarn nicht zumuten. Und für ein Pferd haben wir keinen Platz.«

»Ach Mama, ich will aber ein Tier!«

»Im Zoo kannst du Tiere sehen.«

»Ich will aber ein eigenes!«

Schließlich bekam das Mädchen von seinem Vater zwei winzig kleine Wasserschildkröten. Sie lebten in einem Aquarium und hießen Tag und Nacht. Da sie vollkommen gleich aussahen, konnte man aber nicht unterscheiden, wer von ihnen Tag und wer Nacht war.

Das Mädchen war sehr wissbegierig und las sich durch ein ganzes Tierlexikon. Darin stand, dass Schildkröten sich auch von Regenwürmern ernährten. So ging sie eines Tages, nachdem es geregnet hatte, hinaus und sammelte Regenwürmer. Manche waren kurz, andere so lang wie Spaghetti. Sie füllte sie in ein Glas und nahm sie mit nach Hause.

»Schau, Mama, ich habe für Tag und Nacht Futter gefunden!«

Die Mutter stieß einen Schrei aus. »Schaff dieses furchtbare Viehzeug sofort hinaus!«

So sammelte sie keine Regenwürmer mehr und gab den Schildkröten Futter aus der Dose. Und Kalziumtabletten, damit ihr Panzer schön dick wurde, sonst konnten sie sich nämlich nicht schützen. Vielleicht war es bei den Menschen ja auch so, die hatten zwar keinen Panzer, aber sie mussten stark sein, weil das Leben oft so schwierig war.

Ebenso sehr wie Tiere liebte sie Sport, vor allem Basketball und Volleyball. Auch für Fußball interessierte sie sich. »Fußball ist nichts für Mädchen«, sagten manche, doch das Mädchen hatte sogar ein Album mit Fußballerbildern zu Hause und wusste besser als mancher Junge in ihrer Klasse, welcher Fußballer wie viele Tore geschossen und welche Mannschaft am häufigsten gewonnen hatte.

Ihr Lieblingsobst waren Äpfel, Mandarinen und Wassermelonen, ihre Lieblingsfarben Rot, Violett und Grün, und von den Jahreszeiten waren ihr der Winter und der Frühling am liebsten. Ihr Lieblingsessen war Milchreis, ihr Lieblingsgetränk Limonade. Das alles mochte sie schon seit jeher. Eins aber mochte sie ganz und gar nicht, und zwar ihren Namen!

Der gefiel ihr einfach nicht, ja sie schämte sich sogar dafür. Hätte sie doch bloß einen anderen Namen gehabt! Wie ihre Cousine Mara zum Beispiel ... oder wie die Töchter des Lebensmittelhändlers mit ihren Locken und Sommersprossen, die Sarah, Selma und Samira hießen ... oder wie ihre Klassenkameradinnen Anna, Emilia, Emma, Hannah, Johanna, Lea, Lina, Lisa, Katharina, Marie, Mia und Sophie ...

Wie viele Namen es doch auf der Welt gab, einer schöner und einfacher als der andere ... Ihre Eltern aber hatten die alle verworfen und waren ausgerechnet auf den Namen verfallen, den sie jetzt hatte. Hätte sie doch wenigstens einen zweiten Vornamen bekommen. Oder einen Spitznamen! Alle in der Schule hatten einen Spitznamen, entweder einen netten oder einen lustigen. Nur sie hatte keinen, denn ihr echter Name war so seltsam, dass sie keinen Spitznamen brauchte.

Als ihr Vater eines Tages beim Frühstück Zeitung las, fiel dem Mädchen auf der Rückseite der Zeitung ein Artikel auf. Darin ging es um die merkwürdigen Vornamen, die berühmte Sänger oder Schauspieler manchmal ihren Kindern gaben, und sie stellte fest, dass nicht nur sie allein so einen komischen Namen trug. Pfirsich, Apfel, Feige, Nachtigall, Ozean, Blauer Engel, Praline … so etwa hießen manche Kinder. Wie denen das wohl vorkam? Wie mussten die sich später fühlen, wenn sie als Erwachsene mit »Ozean« und »Nachtigall« angeredet wurden?

Keiner dieser Namen erschien ihr aber so unerträglich wie ihr eigener. Sie nämlich hieß Liane.

»Mensch, Mama, wie seid ihr bloß auf diesen Namen gekommen?«, hatte sie einmal gefragt.

»Pflanzennamen sind doch was Schönes. Jasmin zum Beispiel, Flora oder Rose. Wo soll da der Unterschied sein?«

»Über die macht sich aber keiner lustig. Über mich schon!«

»Das kommt dir nur so vor, das meinen die doch bestimmt nicht so, warum soll da jemand lachen? Pflanzen mag jeder. Und damit Schluss!«

Immer wenn ihre Mutter ein Thema beenden wollte, sagte sie: »Und damit Schluss!« Liane wusste das nur zu gut und seufzte. Erwachsenen etwas klarzumachen, war manchmal sehr schwer.

Sie nahm das Lexikon zur Hand und schlug unter Liane nach. Da gab es die unterschiedlichsten Kletter- und Rankpflanzen, die im Boden wurzelten und an Bäumen emporkletterten. Besonders zahlreich waren sie im tropischen Regenwald vertreten.

Lange sah sie sich das Bild der Lianen an, und es gefiel ihr sogar. Eigentlich hübsche Pflanzen. Und doch war sie nicht überzeugt. Wenn ihre Eltern ihr schon einen Pflanzennamen geben wollten, warum dann nicht »Rose« oder »Iris«?

In Büchern und vor allem in Comics hatten die Helden oft ganz merkwürdige Namen, und in Zeichentrickfilmen auch. Die hatten damit aber kein Problem, denn sie lebten ja sowieso in einer Fantasiewelt, in der niemand sich über den Namen eines anderen lustig machte. Glöckchen, Randale-Ralph, König der Löwen oder Hulk, der grüne Riese … Geschichten waren voll mit Helden, die sonderbare Namen hatten.

Liane war aber weder eine Romanfigur noch eine Fantasieheldin. Sie war ein normales Mädchen, das in einem ruhigen Viertel lebte. Und wenn sie in die Schule ging, wurde sie wegen ihres Namens gehänselt. Wenn die Lehrerin die Kinder aufrief, ob sie auch alle da waren, wäre die arme Liane am liebsten im Erdboden verschwunden.

»Elias?«

»Hier!«

»Emilia?«

»Hier!«

»Liane?«

Sobald sie an der Reihe war, grölte die ganze Klasse wie aus einem Mund:

»Im Urwald!«

Liane war dann den Tränen nahe und wäre am liebsten davongelaufen, doch da sie ein braves Kind war, tat sie das natürlich nicht. Stattdessen ließ sie den Kopf hängen und saß stumm in ihrer Bank.

Freche Jungs aus der Klasse hatten sogar ein Spottlied auf sie gedichtet:

Draußen tobt der Wind ums Haus,
Liane sieht zum Fenster raus,
Alles ist schon nass auf Erden,
Liane muss gegossen werden.

Sobald es regnete, wurde gleich jenes Lied gesungen. Was sollte Liane da machen? Hilflos ließ sie es über sich ergehen.

Manchmal verstand sie sich mit einer Mitschülerin gut, mit der spazierte sie in der Pause über den Schulhof, sie saßen beim Mittagessen nebeneinander und flüsterten sich Geheimnisse zu. Eine Zeit lang ging das gut so, aber dann musste Liane mit ansehen, wie ihre neue Freundin sich auch über ihren Namen lustig machte (oder zumindest mitkicherte), und das brach ihr das Herz.

In einer echten Freundschaft durfte so etwas nicht passieren. Man machte sich nicht über eine Freundin lustig, nur um sich bei den anderen beliebt zu machen. »Statt mit einer falschen Freundin spiele ich lieber alleine«, dachte Liane. Sie war einsam. Manchmal kam sie sich auf der weiten Welt ganz allein vor.

In einem Buch hatte Liane mal gelesen, dass jeder Mensch auf Erden irgendwo im Weltall einen Doppelgänger hatte. Was immer man hier machte, tat auf einem anderen Planeten der Zwilling auch gerade. Wenn wir hier zum Beispiel weinten, weinte unser Zwilling dort auch, und wenn wir lachten, dann lachte er.

Das fand Liane interessant. Ein paar Nächte hintereinander starrte sie zum Himmel hinauf. Natürlich wusste sie, dass die Sterne sehr weit weg waren, aber trotzdem hoffte sie, irgendwo da oben ein Mädchen zu sehen, das ihr bekannt vorkam. Ein Mädchen, das ihr zwar ähnlich sah, aber vielleicht eidechsengrüne riesige Ohren hatte und Augen, die blinkten wie Glühbirnen …

Dann aber verwarf sie diesen Gedanken wieder. Selbst im Weltall gab es wohl kein anderes Mädchen, das ihr glich. Die Einzige, die Liane hieß, war nun mal sie.

Das Mädchen mit dem seltsamsten Namen der Welt.

Und das seinen Namen nicht ausstehen konnte.

Kapitel zwei

BLÜHENDE FANTASIE

Liane versuchte immer wieder, mit ihren Eltern über ihren Namen zu sprechen, doch die nahmen sie leider nie ernst. Dass man mit Erwachsenen so richtig reden konnte, war ungefähr so selten wie Schnee im August. Wenn ihnen ein Thema nicht passte, hörten sie entweder nicht zu oder lachten darüber hinweg. Manchmal wurden sie auch wütend und das Gespräch war beendet.

»Mama, könnte ich nicht einen neuen Namen kriegen?«, hatte Liane mal gefragt, als sie so etwa vier, fünf gewesen war. Damals ging sie noch nicht zur Schule, ahnte aber schon, dass sie mit ihrem Namen Ärger bekommen würde.

»Was soll denn das, Schätzchen? Wie kann man seinen Namen nicht mögen?« Lianes Mutter zog die Augenbrauen hoch. »Das möchte ich gar nicht gehört haben. Möchtest du wie alle heißen? Andere Kinder wären froh, so einen schönen Namen zu haben wie du.«

»Meinst du?«, fragte Liane zweifelnd.

»Und ob. Außerdem – wenn alle Kinder gleich heißen würden, dann wäre das fast, als hättest du gar keinen Namen mehr, und niemand könnte dich rufen, höchstens mit: ›Hey, du!‹ Dann würden sich aber alle umdrehen, denn ›du‹, das könnte jeder sein.«

»Ach Mama, du bringst mich durcheinander.«

»Siehst du, genau das meine ich. Wenn du deinen Namen nicht magst, kommst du durcheinander. Deshalb sollst du deinen Namen nicht beleidigen. Und damit Schluss!«

Laut Lianes Mutter waren nicht nur Namen so empfindlich, sondern auch andere Dinge im Leben. Und am allerheikelsten war anscheinend das Essen, darum bestand ihre Mutter immer darauf, dass Liane den Teller leer aß.

»Wenn du schön deinen Teller leer isst, dann gibt es morgen gutes Wetter.«

Einmal wurde es Liane zu viel und sie fragte ihre Mutter: »Mama, kann Gemüse Regen machen? Kann das Gebäck, das frisch aus dem Ofen kommt, es stürmen lassen? Hat gekochter Mais ein Kissen, das er ausschütteln kann wie Frau Holle in dem Märchen, damit es schneit?«

»Wie kommst du denn darauf?«

»Ich meine, wenn ich mein Brot nicht aufesse, sorgt es dann für ein Gewitter? Und wenn ich Ravioli übrig lasse, kommt dann Hagel?«

»Natürlich nicht. Was dir alles einfällt!«

»Warum sagst du dann immer, dass ich den Teller leer essen soll? Wenn das Essen nicht zaubern kann, wie soll es dann für gutes Wetter sorgen können?«

Die Mutter sah sie verdutzt an und wusste erst gar nicht, was sie sagen sollte. Dann lachte sie auf. »Du bist ja gut, Liane! Du bist ein Kind mit einer blühenden Fantasie!«

Das hörte sie von den Erwachsenen oft. Und was war mit Jugendlichen, mit ihrer dreizehnjährigen

Cousine Bahar etwa, war die eine »Jugendliche mit einer grünenden Fantasie«? Und gab es auch »Erwachsene mit einer etwas verwelkten Fantasie«, Rentner mit einer »verdorrten Fantasie« und Alte mit einer »verblühten Fantasie«? Dabei waren doch Kinder schon ganz unterschiedlich. Stefan zum Beispiel, der laute, freche Nachbarsjunge von unten, der in der Wohnung Fußball spielte und draußen Katzen Blechbüchsen an den Schwanz band, war genauso alt wie sie. Liane war sich aber sicher, dass ihre Fantasie ganz anders arbeitete als die von Stefan, denn der war nur auf Dummheiten aus, während Liane ein liebes Mädchen war.

Sie verstand nicht, warum ihre Mutter solche Sachen sagte. Anscheinend machte diese sich Sorgen, nicht alles richtig zu machen. Benutzte sie etwa deswegen jeden Tag denselben Lippenstift und band sich die Haare auf dieselbe Art zusammen?

Liane wollte ihre Mutter ja gar nicht verärgern. Da sie ein liebes Mädchen war, wollte sie überhaupt niemandem wehtun. Aber sie mochte ihren Namen nun mal nicht. Warum fragte eigentlich niemand die Kinder? Warum durften die nicht mitreden, wo sie doch den Namen ihr ganzes Leben lang tragen mussten?

Darüber dachte sie viel nach. Vielleicht wäre es ja besser, nicht gleich den Babys schon einen Namen zu geben. Lieber erst warten, bis das Kind lesen und schreiben und sich darüber unterhalten konnte, wie es heißen sollte. Bis dahin konnte man es irgendwie anders rufen, aber nicht »He, Kleine!« oder »Komm mal her, Bürschchen!«, das gefiel ihr nämlich nicht. Man konnte sich doch Kosenamen ausdenken, die zu einem Menschen passten.

Einen Jungen mit blauen Augen konnte man »Blauer« nennen, einen mit Sommersprossen »Sprossi«, ein Mädchen mit lockigem Haar »Locki«, eines mit schöner Stimme »Seidenstimme«, ein Mädchen mit einer zarten Nase »Näschen«, und wenn ein Kind als Erstes »Aguuu« sagte, konnte es doch die ersten Jahre über »Agu« genannt werden. Bis eben das Kind eines Tages zusammen mit seinen Eltern beschließen würde, welchen Namen es bekommen sollte. So war niemand unzufrieden.

Liane träumte von einem Planeten, auf dem jeder Mensch sich seinen Namen selbst aussuchen durfte. Ob es so einen Ort wohl gab? Falls sie ihre Mutter danach fragen sollte, würde die bestimmt wieder sagen: »Ach, du bist wirklich ein Kind mit einer blühenden Fantasie!«

Kapitel drei

IN DER SCHULE

Am Freitag ging der Unterricht immer schnell vorbei. Die letzten Stunden waren Sachunterricht, Deutsch, Mathematik und Sport. Danach gingen die Schüler in ihren Sportsachen nach Hause. Manche wurden von den Eltern abgeholt, andere machten sich mit Klassenkameraden zu Fuß auf den Heimweg, wieder andere fuhren mit einem

Schulbus, so auch Liane, denn sie wohnte etwas weiter weg.

Sachunterricht war ihr Lieblingsfach. Wenn es um die Erde, den Himmel, den Mond oder die heimischen Tiere ging, passte sie ganz besonders auf. Es war auch schön, über andere Länder und fremde Gegenden etwas zu lernen. Wie groß die Welt doch war, auch wenn sie auf der Karte, die an der Tafel hing, eher klein wirkte.

Liane war froh, dass die Erde rund war und nicht dreieckig oder viereckig. Oder ein Quadrat. Ein Fünfeck. Ein Neuneck. Ein Prisma. Gut, dass sie keine spitzen Ecken hatte. So konnte man die Erde leichter umarmen. Überallhin war es gleich weit. Entweder zu Fuß oder im Meer schwimmend konnte man überallhin. Ein Vogel konnte von einem Ende der Erde bis zum anderen fliegen, und wenn er müde wurde, konnte er eine Pause machen und sich mit anderen Vögeln anfreunden.

Vor zwei Jahren hatte Liane von ihrem Vater zum Geburtstag einen Atlas bekommen. Den liebte sie seither innig und hatte ihn zu Hause immer neben sich liegen. Manchmal nahm sie ihn auch in die Schule mit, und zwischen zwei Stunden blätterte sie darin herum. Sie zeichnete die Flaggen der verschiedenen Länder nach und malte sie aus. Die Hauptstädte wusste sie alle auswendig. Die meisten Länder Südamerikas, Afrikas oder Asiens konnte sie mit geschlossenen Augen hersagen. Wenn sie mal groß war, wollte sie all die fremden Gegenden sehen. Um auf der Welt herumzureisen, brauchte man ja kein Vogel zu sein.

Auch auf der Landkarte Europas kannte Liane sich gut aus. Sie wusste, wo welches Gemüse angebaut wurde, wo es im Winter besonders kalt und im Sommer nicht so heiß war und in welchen Städten die meisten Menschen wohnten. Auf solche Fragen antwortete sie wie aus der Pistole geschossen. Meere, Berge, Wälder, Flüsse … Es gab so viel Schönes auf der Welt. Die Böden waren reich und fruchtbar. Nur schade, dass die Menschen nicht wussten, was sie an ihrer Natur hatten, und dass sie auf die Umwelt keine Rücksicht nahmen. Liane wollte in ihrer Schule eine Umweltschutzkampagne gründen, das war ihr größter Traum. Sie hatte aber Angst, ausgelacht zu werden. Und warum? Natürlich wegen ihres Namens! Sich für die Natur einzusetzen, wenn man selbst Liane hieß, war nicht gerade leicht. Bestimmt gab es Schüler, die sie verspotten würden.

»Warum denn nicht gleich eine Lianenschutz-kampagne?«, würde garantiert jemand lästern.

Furchtbar gern mochte Liane ihre Sachunterricht-lehrerin Leyla, die alle Fragen ihrer Schüler stets geduldig und liebevoll beantwortete. Sie war auch die Einzige, die den Namen Liane so normal aussprach, dass keiner darüber lachte.

Als sie einmal von den verschiedenen Ländern erzählte, die es so gab, sagte sie lächelnd: »Hat jemand eine Frage dazu?« Sie redete immer ganz sanft und ermutigte die Schüler, sich zu melden.

Frau Leyla war eine der besten Lehrerinnen der Schule. »Wer eine Frage hat, soll sie bitte unbedingt stellen«, sagte sie.

Liane hob die Hand. Ihr ging etwas im Kopf herum.

»Ja, bitte?«, sagte die Lehrerin.

»Äh, warum sagt man eigentlich, dass Japan im Fernen Osten liegt?«

In den hinteren Bänken grinsten ein paar Jungen hämisch.

»Ihr braucht nicht zu lachen, das ist eine sehr berechtigte Frage«, sagte die Lehrerin. Dann wandte sie sich wieder Liane zu und sagte: »So heißt es, weil Japan im Osten liegt und weil es fern ist.«

»Aber für jemanden in China ist Japan doch nahe. Und für jemanden in Australien ist es kein Ferner Osten, sondern ein Naher Westen.«

Frau Leyla nickte. »Das hast du sehr gut beobachtet, bravo. Wir Menschen sehen immer alles aus unserer eigenen Perspektive. Dabei sind wir nicht im Zentrum der Welt, das ist niemand. Ob etwas fern oder nah ist, im Süden oder im Norden liegt, hängt immer davon ab, wer das sagt.«

Liane lächelte die Lehrerin dankbar an. Die erzählte weiter und Liane machte sich eifrig Notizen. Wie jedes Mal im Sachunterricht zog sie ein Gesicht, als die Schulglocke schrillte. Ach, wenn doch dieser Unterricht nie zu Ende ginge!

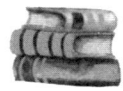

In der Deutschstunde ging es ruhig zu. Da die Lehrerin krank war, kam eine Vertretungslehrerin, und jeder musste für sich ein Kapitel aus einem Buch lesen und in sein Heft eine Zusammenfassung schreiben. Dann kam die Mathematikstunde!

Im Sachunterricht war Liane glücklich und voller Selbstvertrauen, doch in Mathematik war es ganz anders. Sie kam nicht recht mit, aber nicht weil sie keine Zahlen mochte. Es war nur so, dass sie in der Mathematikstunde immer an etwas anderes dachte. Sie fantasierte herum oder langweilte sich und wurde schläfrig. Auch diesmal war es wieder so. Sie konnte sich einfach nicht konzentrieren.

Der Mathematiklehrer Sinan war der strengste Lehrer der Schule. Alle fürchteten sich vor ihm, auch die anderen Lehrer. Und sogar der Direktor! Und sogar die Katzen im Schulhof und die Möwen am Himmel!

Er war klein und stämmig und hatte ein rundes Gesicht. Hinter seiner dicken Brille mit dem dunklen Gestell musste er ständig zwinkern. Außerdem war er fast kahl, versuchte das aber zu verbergen, indem er die verbliebenen Haare über die Halbglatze kämmte.

Wenn er an der Tafel stand, musste er immer wieder niesen, denn er war gegen vieles allergisch, am meisten aber gegen Kreidestaub. Jedes Mal wenn er nieste, rief die Klasse im Chor: »Gesundheit!«

»Schon gut, schon gut!«

Wenn er zwei Minuten später wieder nieste, riefen wieder alle: »Gesundheit!«

Diesmal aber hatte er sich etwas überlegt. Um sich vor dem Kreidestaub zu schützen, hielt er sich vor Nase und Mund ein gepunktetes Taschentuch. Seine Stimme hörte sich sonderbar gedämpft an.

»Schlagt eure Hefte auf! Ich will keinen Muckser hören, verstanden? Es wird nicht geredet und nicht geflüstert! Und dass ihr mir keine Dummheiten oder Streiche macht! Was ich an die Tafel schreibe, schreibt ihr genauso in eure Hefte! Los!«

Liane stieß einen Seufzer aus und kaute an ihrem Stift. Schon bald fiel ihr Blick auf ihre Schultasche. Da war nämlich ihr Atlas drin. Irgendwann konnte sie nicht mehr anders und holte den Atlas heraus. Sie legte ihn sich aufs Knie, und während sie noch so tat, als ob sie aufpasste, schielte sie heimlich auf den Atlas. Dort schlug sie die Seite mit der Japankarte auf. So also sah das Land aus, das für manche im Fernen Osten, für andere aber im Nahen Westen lag.

»Hatschi!«

Das Taschentuch hatte nicht geholfen. Die Schüler riefen wie aus einem Mund: »Gesundheit!«

»Schon gut, schon gut. Ha… ha… hatschi!«

Irgendwie nieste Herr Sinan an dem Tag noch mehr als sonst. Wangen und Stirn liefen ihm rot an. Er schrieb noch schnell eine Rechenformel an die Tafel, dann warf er wütend die Kreide an die Wand.

»Wer weiß die Lösung? Los, schnell. Ich ruiniere mir hier die Gesundheit.«

Ein paar Schüler zeigten auf. In Mathematik meldeten sich meist dieselben Schüler, und nur die rief der Lehrer immer auf. Diesmal aber linste er mit zusammengekniffenen Augen über sein Taschentuch hinweg zu den hinteren Bankreihen und deutete plötzlich auf Liane.

»Du mit den langen Haaren da hinten! Wie heißt du noch mal? Irgendwas mit einer Pflanze.«

Lachend riefen die Schüler: »Lianen-Urwald, Herr Sinan!«

»Schon gut, schon gut, keine faulen Witze«, schimpfte der Lehrer. »Also, was ist die Lösung, Blumenkind?«

Liane sah aufgeregt umher. Sie wusste nicht mal,

was die Frage war. »Entschuldigung, aber ich habe gerade nicht aufgepasst. Könnten Sie die Frage bitte wiederholen?«

Die Stirn des Lehrers wurde gleich noch röter. »Aha, nicht aufgepasst. Ich rede mir hier den Mund fusselig, um euch was beizubringen, und wird das irgendwie anerkannt? Natürlich nicht. Warum hört ihr mir eigentlich nicht zu? Warum habe ich so eine Plage mit euch? Meint ihr etwa, ich muss das alles lernen? Nein, ich weiß es nämlich schon. Aber ihr braucht es, ihr! Und wenn ihr jetzt nicht aufpasst, kriegt ihr bei der Klassenarbeit eine Sechs!«

Er hielt sechs Finger hoch und wiederholte: »Sechs!«

Liane schluckte. Irgendwann würde der Lehrer ihr schon sagen, sie solle sich wieder hinsetzen.

So war es aber nicht, er fragte vielmehr weiter. »Dann verrate uns doch, wo du mit deinen Gedanken gerade warst.«

»In Japan …«, entfuhr es Liane. Sie schlug die Hand vor den Mund. Warum war ihr das nur herausgerutscht!

Die anderen lachten.

»Entschuldigung«, sagte Liane.

Das bekam der Lehrer aber nicht mit.

»In Japan also!«, rief er aus.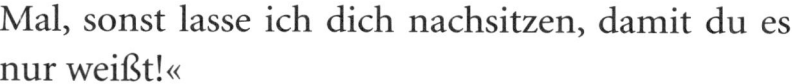
»So, du bekommst eine Extraportion Hausaufgaben. Und die machst du gefälligst bis zum nächsten Mal, sonst lasse ich dich nachsitzen, damit du es nur weißt!«

Wieder kicherten die anderen los.

»Ja, Herr Sinan«, sagte Liane.

Sie ließ den Kopf hängen und sah mit Tränen in den Augen auf den Atlas. Wäre sie doch bloß ganz woanders! In Afrika, mit lauter Elefanten, Giraffen und Zebras um sich herum, in Südamerika beim Lama-Füttern, in Asien beim Wettlauf mit den Wüstenhirschen oder in der Antarktis beim Fußballspielen mit den Robben … Anstatt in Mathematik vor allen anderen vom Lehrer ausgeschimpft zu werden, wäre sie viel lieber in den Atlas gekrochen und hätte die ganze Welt bereist.

Kapitel vier

DAS GEHEIMNIS ZU HAUSE

Nach dem Sportunterricht stieg Liane wie immer in den Schulbus. Vorne war alles besetzt, daher ging sie nach hinten durch. Als sie an Paul vorbeikam, der stets nichts als Dummheiten im Kopf hatte, fing der auch gleich an, das Lied zu singen:

Draußen tobt der Wind ums Haus,
Liane sieht zum Fenster raus.

Liane tat so, als hörte sie das gar nicht. Es gab eben Leute, die andere ständig ärgern und beleidigen mussten. Am besten, man beachtete sie gar nicht.

In der hintersten Reihe waren Plätze frei. Sie setzte sich ans Fenster, lehnte den Kopf an die Scheibe und sah hinaus. Bald darauf fuhr der Bus los und sie sah draußen Autos, Häuser, Katzen, Hunde und Möwen vorbeiziehen. Wie viel Leben da war. Was wohl die Menschen alle dachten? Der Junge da, der Taschentücher verkaufte? Der alte Mann, der einen Sesamkringel aß? Die schöne Frau, die es so eilig hatte?

Sie musste an ihre Eltern denken. Was die wohl gerade machten? Es waren nette, liebe Menschen. Liane mochte ihre Familie, sogar sehr, doch so manches hätte sie gerne anders gehabt. Ihre Mutter wirkte oft bang, der Vater abwesend. Die Mutter hatte den Kopf voller Sorgen, der Vater dachte an seine Arbeit. Liane war ihr einziges Kind. Vielleicht hatten sie kein weiteres Kind gewollt? Oder eben einfach keins mehr bekommen? Liane hatte nie gewagt, sie danach zu fragen.

Im Badezimmer hing ein Wäschesack in Form eines Eisbären, den nannte Liane für sich den »Sack mit den Fragen, die man nicht stellen darf«. Wann immer sie sich ihre Eltern etwas nicht zu fragen traute, warf sie die Frage insgeheim in den Sack. Der war inzwischen so voll, dass er fast platzte. Hin und wieder konnte Liane ihre Neugier nicht bezwingen und holte aus dem Sack eine Frage heraus. »Mama, wie alt bist du eigentlich?« »Mama, du hast zugenommen, wie viel wiegst du jetzt?« Was sollte sie machen, sie war nun mal ein neugieriges Kind. Und waren nicht sowieso alle Kinder neugierig?

Manchmal war Liane froh, dass sie ein Einzelkind war, manchmal klagte sie darüber. Aber auch alle Vielkinder (so nannte sie Kinder, die keine Einzelkinder waren) beklagten sich manchmal und waren dann wieder froh. Ihnen erging es also auch nicht anders als ihr.

Sie freute sich, dass sie ein Zimmer für sich allein hatte und auch ihr Spielzeug, ihre Bücher und die Schildkröten nicht teilen musste. Manchmal aber fühlte sie sich einsam. Da wäre ihr ein Geschwisterchen recht gewesen. Oder eine richtige Freundin. Sie durfte nämlich nicht draußen auf der Straße spielen und auch nicht zu den Nachbarskindern nach Hause gehen. So hatte sie niemanden, mit dem sie sich anfreunden konnte. Mit dem frechen Stefan in der Wohnung unter ihnen wollte sie natürlich sowieso nicht spielen, aber es gab ja andere Kinder im Viertel. Nette, freundliche Kinder. Auf die war sie neugierig und hätte sie gerne zu Freunden gehabt. Das aber erlaubte ihre Mutter nicht.

»Ach, Mama, du hast doch draußen gespielt, als du klein warst, warum darf ich dann nicht?«, fragte sie mal.

»Das waren andere Zeiten«, antwortete die Mutter. »Damals ist auf der Straße nur hin und wieder ein Auto vorbeigekommen. Heute rauschen sie nur so vorbei, Autos, Busse, Motorräder … Die Welt hat sich verändert. Nichts ist mehr so schön wie früher. Wenn man damals eine Tomate aufschnitt, hat die herrlich geduftet. So was gibt es heute gar nicht mehr, eine Tomate, die noch nach Tomate duftet. Heute riechen sie nach gar nichts.«

Liane verstand nicht, was das mit ihrer Frage zu tun hatte. »Ich will doch gar keine Tomaten, sondern Freunde, mit denen ich draußen spielen kann.«

»Schon gut, Schätzchen. Ich meine ja nur, genauso wie es keine Tomaten mehr gibt, die nach Tomaten duften, kann man auch auf der Straße nicht mehr spielen. Und damit Schluss.«

Liane begriff, dass ihre Mutter ihr nicht weiter zuhören würde, und schnappte sich lieber ein Buch. Bücher waren seit jeher ihre besten Freunde. Am liebsten las sie Romane und Geschichten, aber auch Gedichte mochte sie. In ihrem Zimmer hatte sie viele Bücher, daneben lieh sie sich welche aus der Schulbücherei aus.

Der Schulbus hielt an. Liane blickte auf und sah, dass sie schon zu Hause angekommen war. So ganz in Gedanken versunken, hatte sie nicht gemerkt, wie schnell die Zeit verging. Sie nahm sich ihre Schultasche und ging nach vorne. Es war ja Freitag, und wenn sie auch gern zur Schule ging (obwohl ihr dort nicht alles gefiel), freute sie sich aufs Wochenende. Da nämlich ging sie mit ihrem Vater immer spazieren. Die beiden setzten sich auf eine Parkbank, sahen den Leuten zu, die am Meer entlangflanierten, aßen Waffeln oder knabberten

Sonnenblumenkerne. Und vor allem redeten sie viel miteinander. Das nämlich war das Schönste: die langen Gespräche mit ihrem Vater.

Als sie in der Mitte des Busses angelangt war, stellte ihr der freche Paul ein Bein, und fast wäre sie hingefallen. Sie konnte sich gerade noch an einem Sitz festhalten, aber mit der Tasche ihrer Trainingsjacke blieb sie an dem Sitz hängen und die Jacke bekam einen Riss.

Paul lachte: »Da kriegst du von deiner Mutter einen schönen Anschiss!«

»Warum hast du das getan?«, fragte Liane verdutzt und wütend zugleich.

»Was soll ich getan haben?«, fragte Paul zurück und hob bedauernd die Hände. »Ich kann überhaupt nichts dafür.«

»Steigst du jetzt aus oder was?«, rief der Fahrer nach hinten. »Ist da ein Problem?«

Liane hätte sich über Paul beschweren können, aber das tat sie nicht. Wenn ein Schüler von einem anderen absichtlich schlecht behandelt wurde, sollte man das eigentlich den Lehrern oder der Schulverwaltung melden.

Liane ging zur Tür vor und murmelte: »Nein, nein, alles in Ordnung.«

Der Fahrer lächelte. »Auf Wiedersehen, Lianen-mädchen.«

Liane stieg aus. Als sie hochblickte, sah sie, wie Paul die Nase an die Busscheibe klebte und ihr die Zunge herausstreckte. Das passte so gar nicht zu seinem Alter. Manche Jungs benahmen sich mit zehn noch, als wären sie erst fünf. Manche Mädchen allerdings auch.

Als Kind hatte man es schon schwer. Wäre sie erwachsen, hätte sie ihre eigene Arbeit und ihre eigene Wohnung. Anstatt zur Schule würde sie ins Büro gehen, was wäre das schön. Auch müsste sie nicht mit Leuten, die sie nicht mochte, in einen Schulbus steigen. Abends könnte sie so lange fernsehen, wie sie nur wollte, und auch ins Bett gehen, wann es ihr passte. Hausaufgaben hätte sie auch keine. Die Erwachsenen hatten ein schöneres Leben, sie merkten es nur nicht. Wahrscheinlich hatten sie vergessen, was sie als Kinder durchgemacht hatten. Könnten sie sich daran erinnern, so wüssten sie, was für ein Glück sie hatten. Stattdessen beklagten sie sich andauernd.

Einmal sprach sie mit ihrem Vater darüber.

Der lachte nur. »Aber Kind, zur Arbeit zu gehen, ist doch viel schwerer, als in der Schule zu sitzen.

In der Schule lernt ihr jeden Tag etwas Neues und in den Pausen geht ihr raus und spielt. Bei Erwachsenen ist jeder Tag wie der andere und gespielt wird überhaupt nicht. Erwachsen zu sein ist langweilig.«

»Langweilig?«, fragte Liane. Für sie bedeutete es, frei zu sein, wenn man erwachsen war. Was sollte an der Freiheit langweilig sein?

»Das wirst du schon verstehen, wenn du erst mal groß bist«, sagte ihr Vater.

Das war auch wieder so ein Satz. Musste man etwa zehn Jahre warten, um etwas zu verstehen? Warum wurden einem die Dinge nicht gleich erklärt?

Der Bus dröhnte wie ein hustender Riese los und war sogleich um die Ecke verschwunden.

Mit den Fingern versuchte Liane, den Riss in der Trainingsjacke irgendwie zu reparieren, aber das ging nicht. Ihre Mutter würde bestimmt schimpfen. »Jetzt bist du schon so groß und kannst noch immer nicht auf deine Sachen aufpassen«, würde sie sagen.

Liane schlurfte ins Haus. Sie wohnten im dritten Stock und es gab auch einen Aufzug, doch der war meistens kaputt, sodass Liane sich ans Treppensteigen gewöhnt hatte. Sie ging die Stufen sogar gern hinauf, denn sie stellte sich dabei vor, was sich hinter den verschlossenen Türen für ein Leben abspielte.

Ganz langsam stieg sie die Treppe hinauf und dabei wehten ihr Essensdüfte um die Nase: gegrillte Auberginen, Paprikaschoten und Zucchini … Joghurt mit Knoblauch … Frikadellen mit Pommes frites … Ihr knurrte der Magen. Mittags hatte sie nichts gegessen, einfach keinen Appetit gehabt. Jetzt erst merkte sie, wie hungrig sie war.

Vor den Türen waren die Schuhe der Bewohner ordentlich aufgereiht. Zu beiden Seiten der Türschwelle standen Blumentöpfe. In Stefans Wohnung wurde Staub gesaugt, aus der Wohnung gegenüber roch es nach Putzmittel.

Im ganzen Haus wurde andauernd sauber gemacht. Ständig wurden Fenster geputzt und Teppiche gesaugt. Draußen auf den Straßen und Plätzen ging es nicht so sauber und ordentlich zu. Liane begriff das nicht. Zu Hause achteten die Menschen so sehr auf Sauberkeit, aber ihre Städte behandelten sie schlecht. Da wurden aus Autos leere Verpackungen hinausgeworfen, die Schalen von Sonnenblumenkernen spuckte man einfach auf den Boden und nach einem Picknick räumten die Leute ihren Müll nicht auf. Wie konnte man bloß bei sich zu Hause so sauber und draußen so nachlässig sein? Das war eines der Rätsel aus der Welt der Erwachsenen, die sie nicht lösen konnte.

Schnaufend kam sie im dritten Stock an. Sie hatte ihren eigenen Schlüssel, drückte aber auf die Klingel. Normalerweise machte ihre Mutter sofort auf, aber diesmal dauerte es länger.

Liane wollte schon ihren Schlüssel herausziehen, da ging leise die Tür auf. Die Mutter lächelte verlegen.

»Da bist du ja, Schätzchen.«

»Die Jacke hat einen Riss«, sagte Liane sogleich. Es war besser, sofort mit der Wahrheit herauszurücken.

»Das macht nichts, so was kann passieren«, antwortete die Mutter. »Zieh die Jacke aus, das nähe ich gleich.«

»Und du bist mir gar nicht böse?«, fragte Liane, als sie aus der Jacke schlüpfte.

Ihre Mutter schien das gar nicht gehört zu haben. Sie wirkte unaufmerksam. »Ich muss das Nähkästchen holen«, murmelte sie nur und ging in ein anderes Zimmer.

»Zu Mittag gegessen habe ich auch nicht«, sagte Liane.

Erst antwortete die Mutter gar nichts, dann rief sie: »Macht nichts, dann isst du eben jetzt was.«

»Und du bist mir nicht böse?«, fragte Liane noch einmal. Und wieder kam keine Antwort.

Da begriff Liane, dass irgendetwas los war. Wenn ihre Mutter auf Dinge nicht reagierte, über die sie sich sonst aufregte, und wenn sie nicht einmal etwas dazu sagte, dass Liane nicht zu Mittag gegessen hatte, dann musste etwas passiert sein.

Was war da nur los? Was verschwieg ihr die Mutter?

Kapitel fünf

EINE UNERWARTETE REISE

Als Liane ins Wohnzimmer kam, wunderte sie sich, denn da saß ihr Vater in einem Sessel. Um diese Zeit war er sonst nie zu Hause.

Der Vater saß einfach nur da und sah zum Fenster hinaus. Weder las er Zeitung noch löste er Kreuzworträtsel oder rechnete irgendetwas aus. Nicht mal seine Brille hatte er auf. Komisch! Ihr

Vater war der fleißigste Mensch, den sie kannte. So untätig hatte sie ihn noch nie erlebt.

»Da ist ja mein kluges, schlaues Mädchen«, sagte er zur Begrüßung. »Wie geht es dir?«

Liane lächelte. Ihr Vater war stolz auf sie und lobte sie gerne.

»Gut.«

Sie setzte sich auf die Sessellehne, lehnte sich an ihren Vater und sog seinen Duft ein, den sie so gut kannte. Eine Mischung aus Rasierwasser und Seife. Ihre Mutter kaufte seit Jahren immer die gleiche Lorbeerseife, nach der es in Bad und Küche roch.

»Wie war's in der Schule?«, fragte der Vater.

»Im Sachunterricht bin ich von der Lehrerin gelobt worden.«

»Dann kriegst du von mir noch ein Extra-Lob dazu.«

»In Mathematik dagegen … bin ich geschimpft worden.«

Der Vater lächelte nachsichtig. »Mach dir nichts draus, sogar die besten Schüler bekommen manchmal schlechte Noten. Auch die allerklügsten Menschen täuschen sich mal. Und es gibt immer jemanden, der mehr weiß als man selbst.«

»Aber du weißt doch alles.«

»Ich? Bei Weitem nicht«, sagte der Vater.

Liane wollte das nicht glauben. Ihr Vater war doch der gescheiteste Mensch auf der Welt.

Da rief die Mutter: »Liane!«

»Hm?«

»Man sagt nicht ›hm‹ zu seiner Mutter, man sagt ›Ja, Mama‹.«

»Ja, Mama?«

»Hilf mir bitte beim Tischdecken.«

Liane holte die Teller und stellte sie auf den Tisch, dann brachte sie Besteck, Gläser und Servietten. Dabei schielte sie immer wieder zu ihrem Vater. Sie fühlte, dass irgendwas nicht stimmte.

»Du bist schon wieder ganz abwesend«, sagte ihre Mutter, als sie mit einem Topf Nudeln aus der Küche kam. »Du träumst vor dich hin wie eine Schleiereule.«

»Was ist eine Schleiereule?«

»Eine Eule halt.«

»Und die träumt vor sich hin?«

»Ja. Ständig.«

Liane verzog das Gesicht. »Woher wollen wir das wissen? Vielleicht bilden sich die Menschen das nur ein. Vögel können uns das ja nicht erzählen.«

»Das war doch nur so dahingesagt.«

Nur so dahingesagt … Das war auch wieder so etwas, was sie bei den Erwachsenen nicht begriff. Wo man seine Worte doch auswählte, wie konnte da etwas »nur so dahingesagt« sein? Sprudelten da die Wörter von selbst aus dem Mund? Sie fragte lieber nicht nach.

Schließlich setzten sie sich an den Tisch. Sonst wurde beim Essen viel geredet und alle erzählten, was sie tagsüber getan hatten. Diesmal aber war es ungewöhnlich still.

Als sie mit der Suppe fertig waren, sah der Vater die Mutter an. »Wir müssen es ihr jetzt mal sagen.«

»Was?«, fragte Liane sofort.

Die Mutter schob die leere Suppenschüssel von sich und setzte ein gequältes Lächeln auf. »Dein Papa und ich müssen verreisen.«

»Verreisen? Warum? Wie? Wann? Wohin?«

»Morgen fahren wir«, antwortete die Mutter.

»Aber am Wochenende wollten Papa und ich doch was unternehmen …«, sagte Liane enttäuscht.

Der Vater nahm sie bei der Hand. »Das machen wir, sobald wir zurück sind, versprochen. Es ist ja auch keine lange Reise, nur eine Woche.«

»Eine Woche?!«, rief Liane. »Und ob das lang ist! Und warum habt ihr mir das nicht früher gesagt?«

»Weil wir es auch erst erfahren haben«, sagte die Mutter. »Opa und Oma werden so lange auf dich aufpassen. Bei denen waren wir schon lange nicht mehr, die freuen sich bestimmt, dich wieder mal zu sehen. Du hast Glück, die werden dich sehr verwöhnen.«

Das stimmte schon, ihre Großeltern mochten sie sehr gerne, und sie die Großeltern auch.

»Aber Opa und Oma wohnen doch nicht hier. Wenn ich zu denen fahre, kann ich nicht in die Schule.«

Schon seltsam. Bisher hatte sie die Erwachsenen beneidet, weil sie nicht zur Schule mussten. Manchmal spielte sie morgens sogar krank, damit sie zu Hause bleiben durfte. Jetzt aber wollte sie keinen einzigen Schultag versäumen.

»Keine Sorge, Papa hat mit dem Schuldirektor gesprochen und eine Erlaubnis bekommen. Du versäumst nur fünf Tage, das ist nicht viel. Wir fragen die Lehrer, was ihr in der Zeit durchnehmt, das holst du schnell wieder auf.«

Während die Mutter sich Nudeln auf den Teller füllte, fragte Liane besorgt: »Und wo fahrt ihr hin?«

»Ins Ausland«, antwortete der Vater und wandte dabei den Blick ab.

Wenn die Erwachsenen beim Reden woandershin sahen, hatten sie etwas zu verbergen, das wusste Liane schon, und so wurde sie erst recht neugierig. Am liebsten hätte sie den Vater umarmt und zu ihm gesagt: »Mir kannst du doch alles erzählen, Papa.« Das tat sie aber nicht, um ihren Vater nicht zu erschrecken.

»Es ist ja nur eine Woche«, wiederholte die Mutter. »Papa geht auf Dienstreise und ich muss ihn begleiten. Sonst hätten wir dich schon mitgenommen. Aber versprochen, das nächste Mal fahren wir zusammen.«

»Und wer soll sich um Tag und Nacht kümmern?«

Die Eltern sahen sich an. Daran hatten sie offensichtlich nicht gedacht.

»Ich kann sie ja mitnehmen«, schlug Liane vor.

Ihre Mutter verzog das Gesicht. »Nein, das geht nicht. Was ist, wenn Canikom sie frisst?«

Canikom war die Katze von Lianes Großmutter. Sie war orangefarben, kugelrund und faul. Außerdem war sie bekannt dafür, dass sie alles ins Maul nahm. Einmal hatte sie von Lianes Pantoffeln die Bommel heruntergefressen, ein anderes Mal ein Tintengefäß umgeworfen und die Tinte aufgeleckt. Einen Monat lang war sie damals mit blauer Zunge herumgelaufen.

Der Vater sagte: »Mama hat recht. Außerdem ist den armen Tieren die Reise zu lang. Nicht dass sie unterwegs eingehen.«

»Wer soll sich dann um sie kümmern?«, fragte Liane.

»Am besten, wir lassen sie bei den Nachbarn unten, und damit Schluss«, sagte die Mutter.

Das war Liane gar nicht recht. Dem Nachbarsjungen Stefan traute sie überhaupt nicht. Der dumme Kerl würde den Schildkröten womöglich was

Falsches zu fressen geben. Sie protestierte, aber die Eltern hörten nicht auf sie. Wie ungerecht! Wieder durfte sie bei einer Entscheidung nicht mitreden.

Da schwor sich Liane: Wenn sie mal selber Mutter war, würde sie immer auf ihre Kinder hören und nicht einfach nur Jaja sagen und dann alles selbst entscheiden.

Nur mit Mühe brachte sie ihre Nudeln hinunter und gleich nach dem Essen ging sie auf ihr Zimmer.

Ihr Zimmer war ihr Zufluchtsort. Dort verbrachte sie viel Zeit, vor allem am Wochenende. Sie sah sich nun dort um. In den Regalen ging es bunt zu: Hefte, Armreifen, Halsketten, Pferde- und Hundefiguren, Bilder von gestreiften Eichhörnchen … An der Wand hing in einem silbernen Rahmen ein Foto von einem Zoobesuch, mit blau-grünen Papageien im Hintergrund. Das Foto daneben stammte von einer Theateraufführung vor ein paar Jahren. Liane hatte in dem Stück eine Prinzessin gespielt, aber das hatte ihr nicht gefallen. Das Dasein einer Prinzessin war langweilig. Das ganze Stück über hatte sie in einem Turm gesessen und darauf gewartet, dass der Prinz kommen und sie retten würde. Da war das Leben des Prinzen schon aufregender. Der hatte ein Pferd, einen Drachen und ein Schwert, und alle Abenteuer erlebte nur er. Wie ungerecht.

Wenn sie zu ihrer Oma fuhr, musste sie ihre Sachen herrichten. Sie holte ihren Koffer aus dem Schrank, aber was sollte sie mitnehmen? Als Erstes packte sie ihr Tagebuch ein. In das schrieb sie immer, wenn sie sich einsam fühlte.

Dann ging sie ihre Bücher durch: *Der kleine schwarze Fisch*, *Alice im Wunderland*, *Der glückliche Prinz und andere Märchen*, *In 80 Tagen um die Welt* und *Die Eisenbahnkinder* waren ihre Lieblingsbücher, die nahm sie mit. Dazu noch je ein Buch aus den Serien *DORK Diaries*, *Fünf Freunde* und *Der Zauberladen von Applecross* (gelesen hatte sie schon alle). Und dann auch noch *Die Abenteuer des Huckleberry Finn*, *Der Zauberer von Oz*, *Betty und ihre Schwestern*, *Die unendliche Geschichte*, *Die Kinder aus der Krachmacherstraße*, *Geschichten des Nasreddin Hodscha* und *Oliver Twist* …

Dann waren die Comics an der Reihe. Ihre Mutter wollte nicht, dass sie Comics las. »Das sind doch keine richtigen Bücher«, sagte sie immer. Sie dachte, in allen Comics kämen nur Prügeleien vor. Dabei waren Comics eine Welt voller Fantasie.

Liane las sie schon immer gerne und ihr gefiel vor allem, dass der Text und die Bilder sich so schön ergänzten. Am liebsten mochte sie die *Avengers*, die steckte sie ganz unten in den Koffer.

Die Erwachsenen lagen einem stets damit in den Ohren, man solle Bücher lesen, doch wenn ihnen das tatsächlich so wichtig war, warum lasen sie selbst dann nicht? Dass Liane gerne las, freute sie dagegen.

Einmal sprach Liane ihre Mutter darauf an: »Du sagst immer, ich soll lesen, Mama, warum liest du dann selbst nie?«

Die Mutter reagierte gereizt. »Wir arbeiten, damit du in Ruhe lesen kannst. Was meinst du, warum Eltern sich abmühen? Damit ihre Kinder zur Schule gehen und eine gute Ausbildung bekommen können. Dein Vater kommt todmüde von der Arbeit nach Hause, isst gerade mal einen Bissen, dann geht er ins Bett. Wann soll er da noch lesen? Und ich arbeite auch den ganzen Tag. Weißt du, wie schwer es ist, einen Haushalt zu führen? Ständig muss ich kochen und Geschirr spülen.«

»Wir haben doch einen Geschirrspüler«, wandte Liane ein.

»Na und? Aufräumen, putzen, einkaufen, und bevor man es richtig merkt, ist der Tag schon wieder rum. Zum Lesen ist da keine Zeit. Wenn du groß bist, wirst du das schon begreifen.«

Schon wieder der Ausdruck: Wenn du groß bist … Den benutzten Erwachsene schon sehr gerne!

»Zum Fernsehen habt ihr aber schon Zeit«, sagte Liane. Sie wollte damit ihre Mutter nicht ärgern oder beleidigen, sondern versuchte nur zu verstehen.

»Was soll man sonst machen, wenn man so müde ist? Beim Fernsehen kann man das Gehirn abschalten.«

Das begriff Liane nicht. Sie saß auch gern vor dem Fernseher und hatte ihre Lieblingsfilme und Lieblingsserien. Ihr Gehirn »abschalten« wollte sie aber nicht. Seit ihre Mutter das gesagt hatte, sah sie etwas weniger fern, weil sie nicht wollte, dass ihrem Gehirn etwas passierte. Man wusste ja nie. Und sein Gehirn brauchte der Mensch.

Liane war auch aufgefallen, dass Kindern zwar ständig gesagt wurde, sie sollten lesen, dass man sie beim Lesen aber auch andauernd störte. Wenn sie vor ihren Hausaufgaben saß, verlangte niemand etwas von ihr, doch sobald sie ein Buch zur Hand nahm, hieß es gleich: »Liane, hol mir doch ein Glas Wasser.« »Liane, deck den Tisch.« »Liane, die Balkonblumen müssen gegossen werden.«

Warum wurde man beim Lernen nicht gestört, beim Lesen aber schon? Das verstand Liane nicht. Die Erwachsenen waren schon seltsam!

Sie sah zu Tag und Nacht, die in ihrer Glaskugel auf dem Tischchen standen. Die kleinen Schildkröten dösten ahnungslos vor sich hin.

»Esst ja nicht alles, was dieser Blödmann Stefan euch hinstellt«, flüsterte Liane, auch wenn sie wusste, dass die Schildkröten sie nicht hören konnten.

Sie warf einen Blick zur Tür. Die war zu. Jetzt kam nämlich das Wichtigste. Sie zog hervor, was sie unter dem Bett versteckt hatte. Dabei hielt sie den Atem an und ihr Herz schlug schneller. Immer wenn sie diesen Gegenstand in die Hand nahm, wurde sie ganz aufgeregt.

Es war ein leuchtender Globus, größer als eine Orange, aber kleiner als eine Honigmelone. Man sah darauf Meere, Flüsse, Seen, Berge und Vulkane. Die Länder waren durch verschiedenfarbige kleine Steine gekennzeichnet, die blinkten. Entlang der Äquatorlinie konnte man den Globus aufklappen, doch drinnen war er leer, obwohl er eigentlich ziemlich schwer war. Vielleicht hatte er irgendein Geheimfach. Liane hatte schon viel herumprobiert, aber keines gefunden.

Sie hatte niemandem etwas von dem Globus gesagt, den sie vor einer Woche gefunden hatte. Ihren Eltern würde sie natürlich davon erzählen, sie wartete nur den rechten Moment ab. Ob sie ihr jedoch glauben würden, war noch nicht sicher. Es war nämlich kein normaler Globus, sondern ein verwunschener. Sie konnte das nicht beweisen, aber sie fühlte, wie außergewöhnlich er war.

Ihr war eine Besonderheit daran aufgefallen. Sie wusste, dass es auf der Erde sieben Kontinente gab: Afrika, Antarktika, Asien, Europa, Nordamerika, Südamerika und Australien/Ozeanien. Auf dem Globus waren es aber nicht sieben, sondern acht! Mitten auf dem Atlantik prangte ein neuer Kontinent, wie eine große Insel. Er hatte auch eine seltsame Form, denn aus der Nähe betrachtet sah er aus wie ein aufgeschlagenes Buch.

Liane war sich sicher, dass es keinen achten Kontinent gab. War er auf den Globus nachträglich aufgemalt worden? Warum aber sollte das jemand getan haben? Oder gab es ihn vielleicht doch wirklich? Es konnte auch sein, dass es ganz früher, zu Zeiten der Dinosaurier oder der Höhlenmenschen, mal einen solchen Kontinent gegeben hatte, der inzwischen versunken oder sonst wie verschwunden war. War das tatsächlich möglich? Diese Frage beschäftigte sie sehr.

Sie holte ein Kleid aus dem Schrank, wickelte sorgfältig den Globus hinein und legte ihn ganz unten in den Koffer. Darüber breitete sie Bücher aus, bis nichts mehr zu sehen war. Wenn sie bei ihren Großeltern zu Besuch war, musste sie den Globus dabeihaben, denn dort ging sie nicht zur Schule und würde viel Zeit haben.

Bald würde sie dem Geheimnis des verwunschenen Globus auf die Spur kommen.

Kapitel sechs

EINE ERSTAUNLICHE ENTDECKUNG

Sie erinnerte sich zurück, wie sie den Globus gefunden hatte …

Eine Woche zuvor war sie in die Schulbücherei gegangen. Immer wenn sie zwischen zwei Stunden etwas Zeit hatte, hielt sie sich dort auf. Sie liebte die Bücherei und kannte sich gut darin aus. Am

Eingang rechts waren die Abenteuerromane, von denen sie die meisten schon gelesen hatte. Im Regal gegenüber standen Bücher über den Weltraum, darunter Natur- und Tierbücher … Alle Bücher waren alphabetisch geordnet.

Verträumt ging sie herum. Wie viele Bücher es doch gab! Sie wollte am liebsten alle lesen. Ob man eine ganze Bücherei auslesen konnte? Wie viele Jahre würde das wohl dauern? Auch kamen ja ständig neue Bücher heraus. Eine Bücherei wuchs so schnell wie ein Kind. Selbst die Bibliothekarin Aysel hatte nicht alles gelesen.

Vor den Büchern mit den Buchstaben H-I blieb Liane stehen. Da war ein Roman, den sie schon lange lesen wollte, der hieß *Herz*. Sie fand ihn sogleich und zog ihn heraus. Da fiel ihr hinter dem Buch ein glänzender Gegenstand auf. Sie trat näher und sah ihn sich an. Was war das nur?

Es war eine Kugel, und zwar nicht irgendeine, sondern ein Globus, und er war voller Staub. Das wunderte Liane. Die Bibliothekarin war eine sehr gewissenhafte Frau, die alle Bücher einzeln abstaubte und die ganze Bücherei sehr sauber hielt. Der Globus musste ihr irgendwie entgangen sein. Wahrscheinlich hatte ein Schüler ihn aus Versehen dort abgelegt und ihn dann vergessen. Liane nahm den Globus in die Hand und fühlte sich auf einmal ganz komisch. Vielleicht hatte jemand den Globus dort verstecken wollen. Dann hatte er bestimmt vor, ihn sich wiederzuholen.

Liane wusste, dass sie den Globus Aysel geben musste. Oder ihn zumindest an seinem Platz lassen sollte. Aber das tat sie nicht. Sie sah sich um. Niemand da. Die Neugier war stärker. Warum war der Globus so verstaubt? War er etwa sehr alt? Wo mochte er herkommen?

Da passierte etwas Seltsames. Die Steinchen auf dem Globus begannen zu blinken. Erschrocken wich Liane zurück. Etwas in ihr sagte ihr aber, dass dieser merkwürdige Gegenstand ein Geheimnis hatte. Sie musste herausbekommen, was das war. So nahm sie ihren ganzen Mut zusammen und steckte den Globus in ihren Rucksack. Für das Buch *Herz* würde sie ein andermal wiederkommen. Sie ging auf die Tür zu. Da hörte sie eine Stimme.

»Liane!«

Oje! Erwischt! Ihr pochte das Herz. Sie drehte sich um und sah Aysel im Gang stehen. Die Bibliothekarin lächelte herzlich, denn sie mochte Liane sehr gern.

»Gehst du schon?«, fragte sie.

»Ja.«

»Das wundert mich, dass du heute gar kein Buch ausleihst.«

Liane errötete. »Ich lese lieber den Roman noch mal, mit dem ich gerade fertig bin.«

Aysel nickte. »Das geht mir auch manchmal so. Wenn mir eine Geschichte sehr gefallen hat, möchte ich sie gleich noch mal lesen. Oft tut es mir richtig leid, wenn ein Buch zu Ende geht. Dann lese ich ab und zu sogar extra langsamer.«

»Ich auch.«

»Wenn ich ein Buch, das mir sehr gefallen hat, noch mal lese, bin ich jedes Mal wieder erstaunt, denn beim zweiten Mal ist es nicht mehr dasselbe Buch. Es kommt einem anders vor.«

Liane stutzte. »Warum denn?«

»Weil ich inzwischen nicht mehr dieselbe bin. Wir lernen jeden Tag was dazu. Beim zweiten Lesen weiß man mehr als beim ersten Mal. Wenn der Leser ein anderer ist, ändert sich auch das Gelesene.«

Liane begriff nicht ganz, was damit gemeint war, aber was sie da hörte, gefiel ihr. Sie lächelte. Innerlich jedoch war sie unruhig. Falls Aysel nun in ihren Rucksack schauen wollte? Und mitbekam, dass sie den Globus genommen hatte? Wie hätte sie das erklären sollen? Da wurde Aysel von einer Lehrerin gerufen.

»Ich muss«, sagte Aysel. »Bis später.«

Liane winkte ihr zu. »Auf Wiedersehen.«

Dann ging sie still und leise aus der Bücherei hinaus.

Den ganzen Tag über wartete sie auf einen Moment, in dem sie mal alleine wäre. Sogar im Sachunterricht war sie so abgelenkt, dass sie nicht folgen konnte. Als die Lehrerin etwas an die Tafel schrieb, bückte Liane sich unauffällig unter die Bank und öffnete den Rucksack. Als sie gerade den

Globus herausnehmen wollte, hörte sie die Stimme der Lehrerin.

»Liane, was suchst du denn da am Boden?«

Als sie ruckartig hochfuhr, schlug sie sich den Kopf an der Bank an. Die Klasse gluckste. Liane fasste sich und richtete sich auf.

»Ja, Frau Leyla?«

Die Lehrerin fragte sich, warum ihre Lieblingsschülerin so unkonzentriert war. »Ist dir was runtergefallen?«

Liane zögerte. Lügen wollte sie auch nicht. »Entschuldigung«, sagte sie schließlich nur.

Den Rest der Stunde über verhielt Liane sich ruhig, und selbst danach sah sie nicht mehr nach ihrem Globus, das konnte sie nicht, wenn andere Schüler dabei waren. Erst in der letzten Stunde kam die Gelegenheit, auf die sie gewartet hatte.

In der Sportstunde spielten alle Schüler auf dem Sportplatz Fußball. Liane tat so, als hätte sie etwas vergessen, und ging zurück in die Klasse. Dort saß nur noch Ben, dem der Magen wehtat, sodass er in der ersten Bank vor sich hin döste.

Liane ging zu ihrer Bank ganz hinten. Ben konnte von dort vorne nicht sehen, was sie tat. Vorsichtig machte sie ihren Rucksack auf. Wie sonderbar! Der Globus hatte sich irgendwie verändert. Der Staub war weg. Wer sollte den Globus denn geputzt haben? Die Steinchen um die Kontinente herum blinkten noch, aber nun schwächer. Auf einmal hörte Liane Musik, eine sanfte, geheimnisvolle Melodie. Sie schien irgendwie aus der Tiefe zu kommen, von ganz weit her …

Um herauszubekommen, was es mit der Musik auf sich hatte, drehte Liane am Globus herum, und da entdeckte sie, dass man ihn an der Äquatorlinie aufdrehen konnte. Es war aber nichts darin. Sie wusste, dass Musikdosen aufgezogen werden mussten, doch fand sie weder einen Schlüssel noch auch die Dose selbst. Die Kugel war leer.

Sie machte den Globus wieder zu und drehte ihn in der Hand. Da fiel ihr der achte Kontinent auf. Wie seltsam! Warum hatte sie den nicht zuvor schon gesehen? Oder war er erst jetzt sichtbar geworden? Vielleicht hatte er sich im Atlantik versteckt, dort abgewartet und erst dann beschlossen, sich zu zeigen. Liane kam es auf einmal vor, als sei der Globus in ihrer Hand lebendig. Als würde er atmen und sogar denken. Schaudernd steckte sie den Globus in den Rucksack zurück und ging zur Sportstunde.

Seither war genau eine Woche vergangen. In dieser Zeit hatte sie nur ein paarmal gewagt, den Globus aufzumachen. Sie hatte sich zwei Dinge vorgenommen. Zum einen würde sie ihren Eltern Bescheid sagen. Bei der ersten Gelegenheit würde sie ihnen alles erzählen. Zum anderen würde sie den Globus in die Bücherei zurückbringen. Nun aber war die Reise der Eltern dazwischengekommen.

Draußen hörte sie Schritte. Ihre Mutter platzte meist einfach ins Zimmer, ihr Vater dagegen klopfte an, wartete ein bisschen und kam dann erst herein.

Die Tür wurde aufgerissen und die Mutter stand da. »Ach, du hast schon gepackt?«

»Ja, und alles schön zusammengelegt.«

»Lass mal sehen.«

Liane wurde rot. Und wenn die Mutter nun den Globus sah? Sie warf aber nur einen kurzen

Blick in den Koffer. »Brav, gut gemacht«, sagte sie. »Komm, es gibt Nachtisch.«

Liane reckte den Kopf. »Nachtisch?«

»Klar. Sogar deinen Lieblingsnachtisch. Den verbrannten.«

So hatte Liane, als sie noch klein war, einmal den karamellisierten Milchreis aus dem Backofen genannt, und bei dem Namen »Verbrannter Nachtisch« war es in der Familie geblieben.

Sie lächelte. Der Mutter tat es wohl leid, dass sie ihre Tochter eine Woche lang nicht sehen würde. Liane wusste, dass die Erwachsenen oft ihre Gefühle nicht richtig ausdrücken konnten. Stattdessen zeigten sie ihre Liebe durch bestimmte Kleinigkeiten. Jemandem sein Lieblingsessen zu kochen, bedeutete »Ich hab dich lieb«. Sie nahm ihre Mutter bei der Hand.

»Ich hab dich auch lieb«, sagte sie leise.

Dann umarmten sie sich.

An diesem Abend ging Liane früh ins Bett. Später wurde sie wach, weil sie Durst hatte. Vom Gang her kam der schwache Schein des Nachtlichts. Sie ging in die Küche, schenkte sich lautlos ein Glas Wasser ein und trank es gierig.

Auf dem Rückweg in ihr Zimmer hörte sie aus dem Wohnzimmer ein Flüstern. Ihre Eltern hatten sich noch nicht schlafen gelegt. Sie wollte gerade zu ihnen gehen, da hörte sie etwas, das sie zusammenzucken ließ.

»Nach der Operation darfst du nicht gleich wieder arbeiten. Du musst dich richtig ausruhen«, sagte die Mutter.

»Ja, versprochen, ich ruhe mich aus. Aber Liane darf nichts mitbekommen, sonst wird sie traurig«, antwortete der Vater.

»Keine Sorge, das kriegen wir schon hin.«

Lianes Augen füllten sich mit Tränen. Sie beschloss, sich nicht anmerken zu lassen, dass sie Bescheid wusste, um den Eltern keine Sorgen zu bereiten. Aber mit irgendjemandem musste sie ihre Gedanken teilen.

Sie ging in ihr Zimmer und holte aus dem Koffer ihr Tagebuch heraus. Sie nannte es »Großer Baum«, denn sie wusste, dass Papier aus Bäumen hergestellt wurde. Je mehr Papier man verbrauchte, umso mehr Bäume mussten gefällt werden. Daher ging sie mit ihrem Tagebuch sehr sorgsam um, damit nicht zu viel Papier verschwendet wurde.

Lieber großer Baum,

ich fahre bald zu meiner Oma und meinem Opa. Dort bleibe ich eine Woche. Ich bin schon ganz aufgeregt und freue mich auf sie. Aber ich mache mir Sorgen um meinen Papa. Meine Eltern haben mir nicht gesagt, dass Papa operiert wird. Ich werde so tun, als wüsste ich es nicht. Heimlich werde ich für ihn beten.

Sobald ich etwas Neues erfahre, schreibe ich es dir. Sowieso kommst du mit mir mit. Wer weiß, was wir dort für Abenteuer erleben. Wie in den Büchern vielleicht …

Liane (Das Mädchen, das seinen Namen nicht mag)

Kapitel sieben
DER BESUCH BEI DEN GROSSELTERN

Lianes Großeltern wohnten in einer Kleinstadt in einem zweistöckigen Haus, das so rosafarben war wie Zuckerwatte. Hinter dem Haus war ein kleiner Garten mit fünf Obstbäumen: einem Apfel-, einem Birn-, einem Kirsch-, einem Maulbeer- und einem Pflaumenbaum. Als Liane noch klein war, spielte sie in dem Garten Cowboy und Indianer, Vater und Mutter, Verstecken und Blinde Kuh.

Gerne hatte sie in dem Haus auch den Keller, in dem auf Regalen Gläser mit eingelegtem Obst und Gemüse aufgereiht waren: Grünkohl, Gurken, Weintrauben, Auberginen … So viele Sorten waren da. Eingemachtes konnte ihre Oma aus jeder Art von Nahrungsmittel zubereiten. An Schnüren hingen Paprika- und Okraschoten und getrocknete Äpfel und Birnen herab. Neben Körben voller Walnüsse, Haselnüsse und Pistazien standen Gläser mit Aprikosen-, Orangen- Erdbeer- und Feigenkonfitüre. Von all den Farben und Düften in dem Keller war Liane wie verzaubert. Jedes Glas mit Eingemachtem hatte die Oma noch dazu mit einem gehäkelten Deckchen versehen.

Überhaupt war das ganze Haus voll mit solchen blütenweißen, ganz fein gearbeiteten Häkeldeckchen. Auf den Sesseln waren viereckige Deckchen, auf den Beistelltischchen ovale, unter den Nippesfiguren quadratische und unter den Gläsern runde. Auch auf dem Fernseher, dem Telefon und dem Radio lagen Häkeldeckchen und sogar der Käfig des zwitschernden Kanarienvogels war mit einem bedeckt.

Im Wohnzimmer stand auf einem Tischchen eine kristallene Zuckerdose mit Konfekt, und überhaupt roch das ganze Haus nach Konfekt. Liane war zum ersten Mal als Baby dorthin gekommen, und seit damals hatte sich im Haus nichts verändert. Es war ein Ort außerhalb der Zeit. Bäume wuchsen, Kinder wurden groß, Tiere alterten, die Jahreszeiten wechselten, Städte vergrößerten sich, doch hier blieb alles beim Alten. Auch die Gegenstände. Die Gerüche. Und sogar die Luft im Wohnzimmer.

Am nächsten Tag fuhren Liane und ihre Mutter mit dem Bus in das Städtchen. Nach der Ankunft umarmten die beiden sich innig, dann musste die Mutter gleich zurück. Nun saß Liane im Wohnzimmer, umgeben von lauter Häkeldeckchen. Die Großeltern sahen sie liebevoll an. Ihr zu Füßen lag die orangefarbene, kugelrunde, faule Katze Canikom und schlief.

»Ach, Liane, ist das schön, dass du da bist«, sagte die Großmutter. »Du hast doch Hunger, oder? Was glaubst du, was ich dir alles gekocht habe!«

Auch wenn Liane gesagt hätte: »Ich habe keinen Hunger«, hätte die Großmutter ihr viel zu essen gegeben, das wusste Liane ganz genau. Also wehrte sie sich erst gar nicht. »Ja, ein bisschen was kann ich vertragen.«

»Von wegen ein bisschen was!«

Fünf Minuten später war das Tischchen vor ihr voller Köstlichkeiten. Die Großmutter hatte kleine Brotscheibchen mit Butter, Joghurt, Marmelade, Honig und Sirup bestrichen, die reihte sie nun vor Liane auf, daneben gab es Schokoladenkuchen und Plätzchen, die so dufteten, dass sie bestimmt frisch aus dem Ofen kamen.

Bei ihrer Mutter bekam Liane nicht viel Süßes, weil es den Zähnen schadete, doch im Haus ihrer Großmutter galten solche Regeln nicht. Das heißt, eigentlich schon, aber nur für den Großvater. Der musste alles ohne Salz, ohne Fett und ohne Zucker essen. »Das schmeckt nach Pappe«, beklagte er sich immer. Liane dagegen bekam alles, was sie zu Hause nicht essen durfte. Auch Tee wurde ihr eingeschenkt.

»Schau, du kriegst Pascha-Tee«, sagte die Großmutter. »Wenig Tee, viel Wasser und ein bisschen Honig.«

Der Großvater lachte. »Pascha-Tee? Aber sie ist doch ein Mädchen.«

»Na, dann eben Feen-Tee.«

Während Liane ihren Feen-Tee trank, dachte sie nach. Vielleicht würden eines Tages ja auch Mädchen Pascha werden können. Darüber musste sie so bald wie möglich etwas in ihr Tagebuch schreiben.

»Heute gehst du mit Opa in den Garten, dort könnt ihr Blumen aussäen«, sagte die Großmutter. »Und danach hilfst du mir in der Küche, heute kommen nämlich Nachbarinnen zu Besuch.«

»Gut. Kann ich jetzt in meinem Zimmer ein bisschen lesen?«

Die Großmutter nickte. »Stimmt, du bist ja so ein Bücherwurm. Lies nur, Kind, lies. Damit du es mal weiter bringst als wir alle!«

Für Liane war das frühere Kinderzimmer ihrer Mutter hergerichtet worden, das noch immer so aussah wie damals. Die Kuckucksuhr an der Wand war schon vor Jahren stehen geblieben. Überall hingen alte Poster von Sängern und Filmstars, die Liane nicht kannte.

Sie machte ihren Koffer auf und nahm vorsichtig den verwunschenen Globus heraus. Sie hatte sich schon vorher überlegt, wo sie ihn verstecken würde, nämlich in der Kuckucksuhr, dort würde ihre Oma bestimmt nicht nachschauen. Dann holte sie ein Buch aus dem Koffer und begann zu lesen.

Aus der Küche duftete es herrlich. Irgendwann hielt Liane es nicht mehr aus und ging hinüber. Der Wohnzimmertisch stand schon voller Pasteten, Plätzchen, Kuchen, Krautwickel und gefüllten Weinblättern … Liane traute ihren Augen nicht.

»Wer soll das alles essen?«

»Auch wenn sie nicht alles essen, muss es erst mal auf den Tisch«, sagte die Großmutter.

»Und warum?«

»Na, weil es für unsere Gäste ist. Je mehr wir auftischen, umso wichtiger sind uns diese Menschen. Wenn wir ihnen nur wenig bieten, was würde das dann heißen?«

»Ich weiß nicht.«

»Na, dass sie uns nicht viel bedeuten. Eine Schande wäre das.«

Liane war etwas verwirrt. »Aber ihr sagt doch immer, man soll kein Essen übrig lassen, und dass das eine Sünde ist. Aber das hier schaffen die doch nie, ist das dann keine Sünde?«

Die Großmutter stutzte. Dann sagte sie lachend: »Sei nicht immer so gescheit, Kleine.«

Allmählich trafen die Nachbarinnen ein. Aus ihrem Zimmer hörte Liane das Klingen der Teelöffel, Frauengelächter, und hin und wieder weinte ein Baby. Wie laut die doch waren! Ihr Opa hatte sich Hut und Stock genommen und war ins Kaffeehaus gegangen. Er hatte Liane zugezwinkert und gesagt: »Ich gehe lieber, schau, dass du auch wegkommst, Kindchen!«

Plötzlich wurde es drüben leiser. Liane ahnte, dass nun von ihr die Rede war, und sie spitzte die Ohren. Die Großmutter erzählte den Nachbarinnen, dass ihr Schwiegersohn operiert werden musste.

»Aber kein Wort davon zu der Kleinen«, sagte die Großmutter flüsternd. Liane aber hatte alles gehört.

»Nein, nein, wir sagen bestimmt nichts«, versicherten die Nachbarinnen.

Etwas später rief die Großmutter: »Liane, kommst du mal?«

»Ach, die heißt tatsächlich so?«, rief eine Nachbarin aus. »Ich dachte erst, dass sei nur ein Scherz.«

»Von wegen. Du bist ja erst zugezogen und weißt nicht, was ich da mitgemacht habe. Ich wollte, dass die Kleine den Namen meiner Mutter bekommt, aber mit denen war nicht zu reden. Als ob es keine anderen Vornamen gäbe …«

Als Liane das Wohnzimmer betrat, verstummten

die Frauen. Eine zwinkerte mit den Augen. Liane wusste schon, was das zu bedeuten hatte. Immer wenn die Erwachsenen etwas zu verbergen hatten, zwinkerten sie so. Dabei wurde man als Kind dann erst recht neugierig.

Zögerlich ging Liane in die Mitte des Wohnzimmers, wo sie von den Erwachsenen und den Kindern gemustert wurde. Sogar das Baby hörte auf zu weinen und sah zu ihr hin. Die arme Liane kam sich vor wie eine Außerirdische, die von einem anderen Planeten aus Versehen hierhergebeamt worden war.

»Na, komm schon«, sagte die Großmutter, »die wollen dich alle nur kennenlernen.«

»Was für ein hübsches Mädchen«, sagte eine Frau und die anderen nickten.

Liane besah sich die anderen Kinder, die alle jünger waren als sie. Das Baby wurde auf den Teppich gelegt, wo es gleich loskrabbelte.

»Was machst du denn so?«, fragt eine rundliche Frau.

»Sie liest ständig Bücher«, erwiderte die Großmutter stolz. »Du verdirbst dir noch die Augen, sage ich immer, aber sie hört nicht auf mich.«

»So ein braves Mädchen.«

Auf einmal begann das Baby zu husten, es hatte sich etwas in den Mund gesteckt. Die Frauen sprangen in Panik auf. Gleich stellte sich heraus, dass im Mund des Babys nur ein Stück Plätzchen steckte. Das Baby atmete wieder normal.

Liane aber machte sich inzwischen in ihr Zimmer davon.

Sie schloss die Tür und sah sich im Zimmer um. Es schien, als liege alles in Schlaf und könne durch eine Berührung geweckt werden. Wie im Märchen … Sie holte aus der Kuckucksuhr den Globus heraus und streichelte ihn. Wieder erklang die Musik, aber diesmal schwächer, als hätte der Globus an Kraft und Energie eingebüßt. Da kam

Liane ein seltsamer Gedanke.
Vielleicht hatte es durchaus
seinen Grund, dass sie den
Globus in der Bücherei gefunden hatte. Der Globus gewann
vielleicht an Kraft, wenn er Bücher um sich herum hatte. Wo
Geschichten, Märchen und
Gedichte in der Nähe waren,
leuchteten seine Steine. So war
der Globus womöglich in die
Bücherei gebracht worden, um dort
Kraft zu sammeln. Als Liane ihn mit nach Hause
genommen hatte, war das kein Problem gewesen,
denn auch in ihrem Zimmer waren viele Bücher.

Hier aber war es anders. Die Großeltern lasen weder Romane noch Gedichte. Auf den Regalen standen nur kleine Figuren und vergilbte Fotos. Daher
war der verwunschene Globus hier verblasst. Wo
keine Bücher waren, wurde er also schwächer und
verlor seine Zauberkraft.

Während Liane darüber nachdachte, ging sie
zum Fenster und sah hinaus. Da merkte sie auf
einmal, dass zwischen den Zweigen eines Baumes
ein Augenpaar sie beobachtete. Am anderen Ende

des Gartens stand ein Mädchen und sah neugierig zu ihr herüber.

Was für besondere Augen sie hatte! Liane starrte sie verwundert an. Ja, sie hatte sich nicht getäuscht, die Augen des Mädchens waren riesig und so rosafarben wie die eines Kaninchens. Ihre blauen Haare standen in die Luft, als wären sie an einer Schnur aufgehängt. Sie hatte abstehende Ohren und eine Stupsnase. Die Wangen waren mit bunten Sommersprossen übersät.

Eigentlich sah sie aus wie eine Puppe. Oder wie das Bild eines verrückten Zeichners.

»Bildermädchen«, flüsterte Liane verwundert.

Kapitel acht
NEUE FREUNDE

Sie öffnete das Fenster, kletterte aufs Fensterbrett und sprang in den Garten. Als das Bildermädchen das sah, trat es zögerlich näher. Es mochte zehn, elf Jahre alt sein. Seine Haut war so weiß, als hätte es in einem Mehlsack gesteckt. Das Mädchen trug einen großen Armreif, der aus einem blauen und einem grünen Band geflochten war und in dessen Mitte eine gläserne Kugel glänzte.

»Wer bist du?«, fragte Liane.

»Ich heiße Zeliş.«

»In welchem Haus wohnst du?«, fragte Liane und deutete auf die Straße.

»In gar keinem. Wir sind nicht von hier.«

»Wir?«

»Mein Bruder und ich«, sagte Zeliş und zeigte auf den Birnbaum.

Hinter dem stand ein etwa zwölf Jahre alter, rundlicher, nicht besonders großer Junge. Seine pechschwarzen Locken reckten sich wild nach allen Seiten. Er sah aus wie ein durchgedrehter Sänger, doch eigentlich war er schüchtern. Er kam hinter dem Baum hervor und tat ein paar zaghafte Schritte.

»Hallo«, sagte Liane.

»Hal…lo.«

»Mein Bruder stottert«, sagte Zeliş.

Interessiert sah Liane ihn an. Jemanden, der stotterte, hatte sie noch nie kennengelernt. Bisher war immer sie diejenige gewesen, die anders als die anderen war. Zum ersten Mal war sie mit Kindern zusammen, die irgendwie besonders waren. Eigentlich ist ja jeder besonders und außergewöhnlich, aber das merkt man nicht immer gleich.

»Ich hei…ße Asutay.«

»Den Namen habe ich noch nie gehört«, sagte Liane und wurde rot. Den Satz sagten nämlich immer andere zu ihr und nun hatte sie ihn zum ersten Mal selbst ausgesprochen. Dabei sollte man doch nichts sagen, was man selbst nicht gerne hörte. Sie schämte sich.

Der Junge war aber nicht beleidigt. Er zuckte die Schultern. »K…kann sein, dass du ihn noch nie g…gehört hast. A…aber das ist m…mein Name.«

»Entschuldige, ich hätte das nicht sagen sollen. Sonst heißt es immer, dass mein Name so komisch ist. Ich heiße Liane.«

»Ein schöner Name«, sagte Zeliş und Asutay nickte.

Liane konnte es gar nicht glauben. Zum ersten Mal hatte jemand ihren Namen als schön bezeichnet. »Übrigens«, sagte sie zu dem Jungen, »was bedeutet dein Name?«

»Stö…rrisches Fohlen. Aber so stö…rrisch bin ich gar nicht.«

»Freut mich, euch kennenzulernen«, sagte Liane lächelnd. »Wo kommt ihr denn her?«

Zeliş deutete in die Ferne. »Aus dem Land der Geschichten.«

»Dem was?«

»Dem Land der Geschichten, Legenden und Märchen.«

»So ein Land gibt es nicht«, sagte Liane. »In Erdkunde kenne ich mich aus.«

Diesmal zuckte Zeliş die Schultern. »Dann habt ihr das Land eben noch nicht durchgenommen.«

Liane überlegte. »Hm, wie ist es denn dort? Was wächst da zum Beispiel?«

Zeliş hübsches Gesicht verfinsterte sich. »Unser Land ist nicht mehr so wie früher. Es war einmal ganz grün, überall sprudelte Wasser und in den Wäldern lebten Feen und Drachen. Jetzt aber trocknet alles aus.«

»Feen und Drachen? Ach was!«

»Du musst es nicht glauben«, sagte Zeliş. »Du brauchst auch nicht an Märchen zu glauben. Aber dass es Märchen gibt, wirst du doch nicht leugnen? Siehst du, die kommen alle von uns, und von da breiten sie sich über die ganze Welt aus.«

»Wie das denn?«

»Nun«, sagte Zeliş, »zuerst machen wir uns auf den Weg und sammeln in verschiedenen Ländern kreative Gedanken ein. Die stecken wir in die Säcke, die wir immer dabeihaben. Das ist sozusagen unser Rohmaterial.«

»Und dann?«, fragte Liane neugierig.

»Dann fahren wir nach Hause in unser Land. Dort gibt es das Gedankencamp von Alphabetopolis, in das ziehen wir uns zurück und werten die einzelnen Gedanken aus, bearbeiten sie und entwickeln daraus neue Geschichten, Märchen und Legenden. Zwischen unserem Land und dem Rest der Welt bestehen seit Jahren freundschaftliche Beziehungen. Das heißt, bisher war es so.«

»Und was hat sich verändert? Und warum trocknet euer Land aus?«

Zeliş seufzte. »Es ist so: Wann immer hier ein Kind begeistert in einem Buch liest oder ein Erwachsener eine Geschichte oder ein Märchen erzählt und ein neuer kreativer Gedanke entsteht, geht auf unserem Kontinent eine Blüte auf oder zwitschert ein Vogel. Oder ein Wasserfall plätschert los. Alles, was hier geschieht, hat Einfluss auf uns.«

Liane runzelte die Stirn. Als sie schon protestieren wollte, es gebe doch nur sieben Kontinente, fiel ihr der verzauberte Globus wieder ein. War etwa das Land, von dem Zeliş erzählte, der seltsame Kontinent, der auf dem Globus erschien? Aber wenn es einen achten Kontinent gab, warum hatte

ihre Lieblingslehrerin Leyla nie etwas davon gesagt? Oder wusste sie auch nicht, dass es ihn gab?

»Und warum sind die Beziehungen zwischen euch und den Ländern nicht mehr so gut?«, fragte sie.

»Nun ja, die Kinder lesen nicht mehr so viele Bücher wie früher und lassen ihre Fantasie nicht mehr arbeiten. Sie sitzen nur noch vor Computerspielen.«

»Ich mag Computerspiele auch.«

»Natürlich, die sollen sie ruhig spielen«, sagte Zeliş, »aber sie sollen auch lesen. Der Mensch braucht Fantasie, die ist so wichtig wie Brot und Wasser. Früher erlebten die Kinder noch Abenteuer, sie spielten auf der Straße und ließen ihrer Fantasie freien Lauf. Manchmal waren sie Piraten, manchmal Cowboys oder Außerirdische. Heute dürfen sie nicht mal mehr raus auf die Straße. Was tun sie dann zu Hause? Entweder vor Computerspielen sitzen oder fernsehen.«

»Genau«, sagte Liane eifrig. »Mein Vater sagt immer, dass sie als Kinder den ganzen Tag draußen auf der Straße spielten. Nach Hause gingen sie erst, wenn die Mutter vom Balkon runterrief, wenn sie Hunger bekamen oder wenn es dunkel wurde. Und dass die Kinder heute so was gar nicht mehr kennen, sagt er auch. Aber meiner Mutter kann ich das einfach nicht klarmachen. Die sagt dann nur, dass die Tomaten nach nichts mehr riechen!«

Staunend sahen die beiden Liane an.

»Wie sollen Kinder ihre Fantasie entwickeln, wenn sie weder auf der Straße spielen noch zu Hause Bücher lesen?«, fragte Liane.

»Da hast du recht«, antwortete Zeliş. »Wenn es keine schöpferischen Gedanken mehr gibt, verkommt der achte Kontinent zu einer Wüste. Die Flüsse trocknen aus, die Bäume tragen keine Früchte mehr und es herrschen Trockenheit und Hunger. Dann kommen von uns auch keine Märchen, Geschichten und Legenden mehr zu euch. Das breitet sich allmählich über die ganze Welt aus. Alles vertrocknet.«

»Das ist ja furchtbar«, sagte Liane.

»Ich weiß. Bevor es so weit kommt, müssen wir etwas tun. Wir müssen unseren Kontinent retten.

Deshalb haben wir uns auf den Weg gemacht. Mein Bruder und ich sind seit Wochen in Ost und West unterwegs und haben eine Menge Gedanken gesammelt.«

Jetzt erst fielen Liane die an die Mauer gelehnten Säcke und Tragetaschen auf, in denen lauter bunte Buchstaben steckten.

»Die müssen wir so bald wie möglich in unser Land bringen«, sagte Zeliş. »Dort werden aus den Gedanken neue Geschichten und Gedichte entstehen, und die verbreiten sich dann überall auf der Welt.«

»Eins verstehe ich aber nicht«, sagte Liane, »warum bringt ihr die Gedanken nicht selbst hervor?«

Zeliş wurde rot. Die Frage war ihr offensichtlich peinlich. »Märchen, Geschichten und Legenden können wir erfinden, aber mit dem ersten Gedanken tun wir uns schwer.

Wir sind nicht so kreativ wie ihr, diese Fähigkeit geht uns ab.«

»Ich glaube, jeder ist kreativ«, sagte Liane.

»Ja, jeder. Außer uns.«

Das überzeugte Liane nicht ganz. Da kam ihr eine andere Frage. »Was wollt ihr eigentlich hier im Garten meiner Oma?«

»Wir sind dem Globus gefolgt«, sagte Zeliş. »Das war gar nicht so einfach, denn das Signal wurde immer schwächer. Unterwegs haben wir uns ein paarmal verlaufen.«

»Das Signal?«, fragte Liane verwundert. Sie sah auf Zeliş' Armband, auf dem die kristallene Kugel im Sonnenlicht ständig ihre Farbe veränderte.

»Ja, der verwunschene Globus sendet uns ein Signal. Jeder, der unser Land verlässt, bekommt einen, damit er sich nicht verirrt. Der Globus muss aber aufgeladen sein, darum legen wir ihn als Erstes immer irgendwo ab, wo viele Bücher sind. Durch die Signale, die er uns sendet, finden wir den Weg auf der Karte, die wir als Armband tragen. Wenn der Globus weggenommen wird und seine Energie schwindet, muss er wieder aufgeladen werden. Dazu bringen wir ihn wieder an einen Ort, an dem viele Bücher sind.«

»W…wir wussten, dass der G…globus in deinem H…haus ist, aber hier ist das S…signal schwächer«, sagte Asutay.

»Weil in meinem Zimmer viele Bücher sind, hier aber gar keine. Ich habe auch gemerkt, dass der Globus hier nicht mehr so leuchtet.«

»Ja, wo Bücher sind, wird er kräftiger.«

»Jetzt verstehe ich. Ihr habt ihn also in die Schulbücherei gebracht?«

Asutay nickte. »Und als w…wir mal n…nachsehen wollten, w…war er w…weg.«

»Ohne die Signale, die der Globus an das Armband sendet, können wir nicht in unser Land zurück, weil wir die Richtung nicht wissen«, sagte Zeliş. »Seit Tagen suchen wir den Globus schon, um ihn aufzuladen.«

Liane schluckte betrübt. »Das tut mir leid. Daran bin ich schuld. Ich habe den Globus aus der Bücherei genommen, das hätte ich nicht tun dürfen.«

»M…macht nichts. Ist n…nun mal passiert. Zuerst w…waren w…wir dir böse, aber j…jetzt nicht mehr.«

»Ich habe euch geschadet, ohne es zu wollen. Das möchte ich wiedergutmachen. Ich komme mit euch mit.«

Zeliş setzte ein trauriges Gesicht auf. »Wir können leicht vom Land der Geschichten hierherkommen, doch umgekehrt ist es schwerer.«

»Reist denn niemand von hier dorthin?«, fragte Liane.

»Doch«, antwortete Zeliş und hob verlegen die Arme. »Manche schon.«

»Und wer?«

»Dichter, Schriftsteller, Regisseure, Maler, Musiker … Und natürlich Kinder. Die blühendste Fantasie haben sowieso Kinder.«

»Möglich ist es also«, sagte Liane. »Und wer sind diese Kinder?«

»Es kommen Kinder, die viel Fantasie haben. Und solche, die den Globus finden.«

»Wie ich also!«, rief Liane freudig aus.

»Ja, so wie du«, sagte Zeliş. »Aber hör zu, das kann gefährlich sein. Unterwegs können wir viele Schwierigkeiten bekommen.«

»Wunderbar!«, rief Liane aus, die gar nicht richtig zugehört hatte. »Na, dann los!«

Asutay und Zeliş sahen einander sorgenvoll an. Liane aber machte sich schon auf den Weg.

Kapitel neun

DIE MACHT DER BÜCHER

Sie kletterte durchs Fenster in ihr Zimmer zurück und holte den verwunschenen Globus aus der Kuckucksuhr. Aus dem Wohnzimmer hörte sie ihre Großmutter und die Nachbarinnen. Schleunigst kehrte sie in den Garten zurück.

Zeliş hüpfte vor Freude. »Unser Globus!«

Die Steine darauf leuchteten schwach.

»D…der Arme hat k…keine Energie m…mehr.«

»Wie ein Handy«, sagte Liane. »Wir müssen den Globus aufladen, aber nicht mit Strom, sondern mit Büchern.«

»Ein Handy?«, fragte Zeliş. »Ach ja, jetzt weiß ich wieder, was das ist.«

Liane stutzte. »Benutzt ihr etwa keine Handys?«

»Nein.«

»Echt nicht? Hier benutzt jeder ein Handy, nur die Kinder nicht. Damit verständigen wir uns miteinander. Wie verständigt ihr euch denn?«

»Über unsere Gedanken.«

Jetzt wunderte sich Liane. Doch bevor sie eine Frage stellen konnte, fragte Zeliş: »Wie finden wir hier in der Stadt einen Ort mit vielen Büchern?«

»Bei meiner Oma sind keine und bei ihnen Nachbarinnen werden auch nicht viele sein. Ich bin sicher, es gibt hier Kinder, die gern lesen, aber zu denen können wir nicht einfach ins Haus platzen.«

Ratlos sahen sie einander an.

Liane aber war ein intelligentes und kreatives Mädchen, das vor Schwierigkeiten nicht zurückschreckte und immer nach einer Lösung suchte. So auch diesmal, und plötzlich strahlte sie übers ganze Gesicht. »Ich hab's! Ich weiß, wohin wir gehen müssen. Los, kommt!«

»W…wohin?«, fragte Asutay.

Lianes Augen glänzten. »Ich habe da eine Idee«, sagte sie lächelnd. »Ihr werdet in euer Land zurückkönnen. Aber erst laden wir den Globus auf!«

Es gab in dem Städtchen nur einen Laden mit Büchern und Schreibwaren. Liane war ein-, zweimal als kleines Kind dort gewesen.

Unterwegs hakte Zeliş sich bei Liane unter. »Ich weiß ja nicht, wer da drin ist, aber wundere dich bitte nicht, wenn er Asutay und mich nicht sieht.«

»Euch nicht sehen? Wie das denn?«

»Uns kann nur sehen, wer den verwunschenen Globus gefunden hat. Für alle anderen Menschen sind wir unsichtbar. Darum redest am besten nur du.«

»So was!«, rief Liane aus. Sie wäre selbst manchmal gern unsichtbar gewesen. Dann hätte sie sich überall herumtreiben und die Leute belauschen können oder in Büchereien gehen, wenn sie eigentlich zu waren, oder vor ihrer Mutter so viel Eis und Schokolade essen, wie sie nur wollte.

Während sie darüber nachdachte, machte sie

auch schon die Tür des Ladens auf. Drinnen ging es bunt zu. Auf den Regalen stapelten sich Stifte, Hefte, Papier, Kartons, Abziehbilder, Knetmasse, Perlen und Spielzeug. Eine Wand bestand nur aus Bücherregalen. Es waren vor allem Schulbücher, aber auch Romane, Bestseller, Klassiker, Geschichten und Gedichtbände. Die meisten Kunden waren Schüler, aber auch Hausfrauen, Angestellte und Lehrer kamen, um sich Lesestoff zu holen. Nazım, der Inhaber, war schon ziemlich alt, aber noch immer ein eifriger Leser. Jeden Monat ließ er aus der großen Stadt eine ganze Kiste mit Büchern liefern.

Nun saß er an der Kasse und war in eine Zeitung vertieft. Als die Tür geöffnet wurde, richtete er sich auf. »Guten Tag, wie kann ich dir helfen?«

Liane zögerte etwas. »Wir ... das heißt, ich ... der Globus ...«

»Psst!«, flüsterte ihr Zeliş zu. Es durfte niemand erfahren, warum sie gekommen waren.

Nazım sah Liane fragend an. Die fasste sich schnell und sagte: »Ich suche ein Buch, es heißt *Die Schatzinsel*. Haben Sie das vielleicht?«

»Und ob ich das habe. Ein schöner Roman. Als Kind habe ich den geliebt.«

Nazım ging schon auf das Regal zu, da rief Liane ihm hinterher: »Ich brauche aber drei davon.«

»Drei?«

»Ja«, antwortete Liane entschlossen.

»Hm, ob ich drei habe, weiß ich nicht. Ich sehe mal im Lager nach.«

Liane fühlte sich zwar schuldig, weil sie den alten Mann umsonst nachschauen ließ, aber anders ging es nun mal nicht.

Kaum waren die Kinder allein, holten sie aus dem Rucksack den Globus heraus und gingen zum Bücherregal. Schon begannen die Steinchen darauf zu glänzen.

»Seht ihr, wie lebendig er gleich wird?«, sagte Zeliş.

Rasch versteckten sie den Globus hinter einer Reihe von Romanen. Davor stellten sie eine dicke *Weltgeschichte* und daneben ein paar Witzebücher. Von außen betrachtet sah das Ganze unauffällig aus. Niemand würde ahnen, wo der Globus steckte.

»Jetzt kann er Energie tanken«, sagte Zeliş.

»Gehen wir«, sagte Asutay.

»Und der Buchhändler?«, fragte Liane.

Da hörten sie von drinnen Schritte. Nazım kam zurück. Jetzt war keine Zeit zu verlieren. Fluchtartig verließen sie den Laden.

Als Nazım wieder hereinkam, sagte er: »Ich habe nur zwei Exemplare gefunden. Das dritte müsste ich bestellen …«

Er sah sich um. Niemand da. »Was ist denn da los?«, murmelte er.

Er ging hinaus, aber draußen war auch niemand. Müde schlich ein Straßenhund an ihm vorbei. Nazım ging in den Laden zurück.

Ich muss das geträumt haben, dachte er seufzend. Seit Jahren betrieb er den Laden alleine und konnte nur recht und schlecht davon leben. Seine Familie bat ihn schon lange, damit aufzuhören, aber er liebte nun mal Bücher.

Er setzte sich auf einen Stuhl und griff nach seiner Lesebrille. Dann schlug er *Die Schatzinsel* auf und begann sie nach Jahren wieder zu lesen. Irgendwann hob er den Kopf und sein Blick blieb am Regal gegenüber hängen. Dort schienen ein paar Bücher nicht am gewohnten Platz zu stehen. Und es war dort heller als sonst.

Still schmunzelte er vor sich hin.

Nachdem die drei Kinder aus dem Laden geeilt waren, liefen sie erst einmal lange. Obwohl niemand sie verfolgte, waren sie ganz aufgeregt. Erst als ihnen die Beine wehtaten, blieben sie an einer Straßenecke keuchend stehen.

»Was h…hast du da in der H…hand?«, fragte Asutay schließlich.

»Mein Tagebuch«, sagte Liane. »Das habe ich mitgenommen, damit ich hineinschreiben kann, was unterwegs alles passiert.«

»Schaut mal!«, rief Zeliş und zeigte auf ihr Armband. Die durchsichtige Kugel darauf leuchtete wie eine Lampe. Und darin war auf einmal eine Karte zu sehen, mit Wäldern, Tälern und Flüssen!

»Toll, es funktioniert«, sagte Liane. »Inmitten der Bücher wird der Globus wieder kräftiger!«

Zeliş klatschte freudig in die Hände. »Und wenn der Globus stark wird, wird auch mein Armband stark und kann uns den Weg zeigen.«

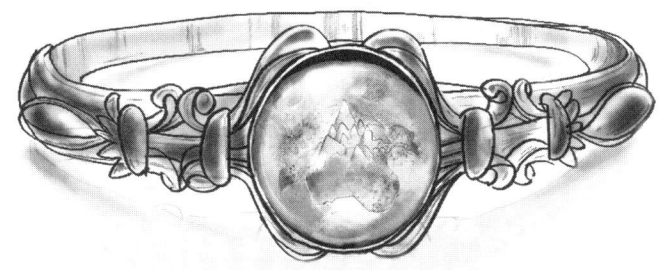

Asutay lächelte beruhigt. »B...bald können wir nach H...hause.«

»Los«, spornte Liane sie an, »wir haben keinen Augenblick zu verlieren.«

Zeliş lachte. »Der achte Kontinent ist ziemlich weit weg. Meinst du etwa, wir gehen zu Fuß?«

Liane stockte. Stimmt, daran hatte sie gar nicht gedacht. »Wie kommen wir dann hin?«, fragte sie.

»Wirst du schon sehen«, antwortete Zeliş geheimnisvoll.

Dann steckte sie zwei Finger in den Mund und stieß einen gellenden Pfiff aus. Da wurden am Himmel zwei Gestalten sichtbar. Schnell stießen sie herab.

Liane traute ihren Augen nicht. Es waren zwei geflügelte Pferde.

Kapitel zehn

DER WALD
DER VIELEN MÖGLICHKEITEN

Das eine Pferd hatte die Farbe von Schokoladen-
milch, das andere die Farbe von Milchschokolade.
Das heißt, beide waren mehr oder weniger braun.
Die Mädchen bestiegen das eine Pferd, Asutay das
andere.

»Zum Auffliegen klatschen wir viermal in die
Hände, zum Landen dreimal«, sagte Zeliş.

Kaum hatte sie viermal geklatscht, waren sie schon in der Luft.

»Huch!«, rief Liane aus. Ihr Gesicht war bleich vor Angst. Sie hielt sich krampfhaft an der Mähne des Pferdes fest. Hinunterzuschauen traute sie sich nicht, da wurde ihr sofort schwindlig.

Asutay und Zeliş kicherten.

»Mir wird schlecht«, sagte Liane. »Manchen wird im Auto schlecht, anderen auf Booten. Mir anscheinend auf fliegenden Pferden.«

»Keine Sorge«, sagte Zeliş, »das gibt sich.«

Und so war es tatsächlich. Liane konnte zwar nicht so entspannt auf den Pferden sitzen wie die beiden anderen, aber mit der Zeit gewöhnte sie sich an das Fliegen. Unter ihnen zogen Flüsse, Ebenen und Berge dahin. Sie sahen Dörfer und Städte, huschten über Dächer hinweg. Wie seltsam, dass niemand dort unten sie bemerkte. Die Menschen waren so sehr mit ihrem Leben beschäftigt, dass niemand den Kopf hob und zum Himmel schaute.

Sie kamen an Vogelschwärmen und bunten Drachen vorbei und einmal an einem davongeflogenen Luftballon. Wer weiß, welchem Kind er entglitten war. Durch die Wolken hindurch flogen sie höher und höher, bis sie ein Flugzeug vor sich hatten. Die beiden Piloten drückten die Nase an die Scheibe und sahen entsetzt auf Liane. Die winkte ihnen lächelnd zu. Das würden sie niemandem erzählen können, denn wer sollte es ihnen glauben?

Mitten über dem Ozean näherten sie sich einer großen Insel. Liane lachte aufgeregt. Die sah genauso aus wie der geheimnisvolle Kontinent auf dem verwunschenen Globus! Und von Weitem wirkte das Land tatsächlich wie ein aufgeschlagenes Buch. Da waren Flüsse, Berge und Täler, doch fiel Liane etwas Seltsames auf: Während der größte Teil des Landes mit einer grünen Pflanzendecke überzogen war, sahen manche Flächen farblos und vertrocknet aus.

»Siehst du«, sagte Zeliş traurig, »dort hat die Trockenheit schon begonnen und sie breitet sich stetig aus.«

Sie klatschte dreimal in die Hände und die Pferde schwebten auf den Boden hinab.

»Das ist der Eingang zu unserem Land«, sagte Zeliş mit glänzenden Augen. »Der Wald der vielen Möglichkeiten.«

Der Wald stand voller alter Bäume und die Erde war mit verwelktem Laub bedeckt wie mit einem weichen Teppich.

»Ab j…jetzt müssen wir zu F…fuß weiter«, sagte Asutay. »Es g…gibt eine Abk…kürzung zur H… hauptstadt Alphabetopolis.«

»Wunderbar«, sagte Liane und stieg sogleich vom Pferd. »Also weiter zu Fuß.«

Sie nahmen die Pferde bei den Zügeln und betraten den Wald. Ein kühler Wind fuhr ihnen übers Gesicht. Da es so viele und so hohe Bäume waren, drang kein Sonnenlicht bis zu ihnen. Es war vollkommen dunkel.

Da blieb Zeliş stehen. »Das darf doch nicht wahr sein.«

»Was ist denn?«, fragten die beiden anderen.

Zeliş zeigte auf ihr Armband, das nun viel schwächer leuchtete. Die Karte darin war kaum noch zu erkennen. »Jemand muss den Globus entdeckt haben«, sagte sie. »Und hat ihn

vom Regal genommen. Je weiter sich der Globus von den Büchern entfernt, umso mehr schwindet das Licht.«

»Oje, was m…machen wir jetzt?«

»Darüber denken wir später nach«, sagte Liane. »Jetzt müssen wir erst mal weiter.«

Zeliş verzog das Gesicht. »Ohne die Hilfe des Globus verlaufen wir uns nur.«

»Was? Ihr kennt den Weg nicht?«, fragte Liane.

»Nein. Bis jetzt haben wir uns immer auf den Globus verlassen. Allein finden wir den Weg nicht«, sagte Zeliş. »Die Karte lebt auf, wenn sie von dort Signale bekommt, und dann richten wir uns nach ihr. Aber jetzt …« Betrübt sah sie auf ihr Armband, dessen Licht erloschen war.

»Wir finden den Weg sicher auch so«, sagte Liane, um ihre Freunde aufzumuntern.

So zogen sie los, ohne zu wissen, in welche Richtung sie mussten. Aus der Tiefe des Waldes hörten sie die Rufe unbekannter Tiere. Ihnen war, als würden aus dem Dunkel Tausende Augen auf sie starren.

Sie gingen und gingen und wurden immer müder. Da tauchte auf einmal eine riesige Rose vor ihnen auf.

»So eine habe ich noch nie gesehen«, rief Liane aus. »Ist die echt?«

»Riech doch mal«, sagte Zeliş.

Ihnen strömte herrlicher Rosenduft entgegen. Als sie näher kamen, sahen sie, dass auf jedem Rosenblatt ein anderer Buchstabe glänzte wie ein Juwel.

Und wie sie da so standen, fielen von der Rose nacheinander ein paar Blütenblätter ab. Auf einem stand ein V, auf den anderen ein O, ein G, ein E und ein L. Sobald die Blätter nebeneinander auf dem Boden lagen, flog ein wunderbarer Vogel auf.

»Schaut nur!«, rief Liane aus.

Kurz darauf fiel ein F herunter, dann ein U, ein C, ein H und ein S. Und schon stand ein Fuchs vor ihnen, der schleunigst das Weite suchte.

»Die Rose muss verzaubert sein!«, sagte Liane. »Jedes Wort, das entsteht, wird sofort Wirklichkeit.«

»D…da habe ich eine Idee«, sagte Asutay.

Er klaubte am Boden liegende Blätter auf und legte sie in einer Reihe aus, bis das Wort »Schokolade« dastand. Und schon hatten sie eine Riesentafel

Schokolade vor sich. Begeistert klatschten sie in die Hände.

»Schreiben wir mal Eis«, sagte Zeliş.

Sie schrieben »Eis«, sie schrieben »Waffeln«, dann »Kuchen« und »Kekse«, und alles wurde Wirklichkeit. Da setzten sie sich hin und aßen fröhlich alles auf.

Asutay schlug sich lächelnd auf den vollen Bauch. »Jetzt bin ich satt!«

»Aber die Pferde müssen auch was kriegen«, sagte Liane.

So schrieben sie nacheinander »Stroh«, »Apfel«, »Hafer« und »Rosinen«. Als die geflügelten Pferde das alles vor sich sahen, wieherten sie freudig.

»W…wenn wir die Rose bloß m…mitnehmen könnten«, sagte Asutay, »dann k…könnten wir immer k…kriegen, was wir uns w…wünschen.«

»Hm, aber ich frage mich was«, sagte Liane. »Es ist ja schön, mit den Buchstaben leckeres Essen zu schreiben. Was aber, wenn man etwas Böses schreibt?«

Da tat es einen Knall. Während sie geredet hatten, waren wieder Buchstaben herabgefallen, ein H, ein X und zwei E. Und auf einmal hatten sie eine Hexe vor sich stehen. Sie war ganz in Schwarz gekleidet und hatte schmutziges, fettiges Haar, das bis zum Boden reichte.

»Schau, schau, was haben wir da«, sagte die Hexe. »Ungebetene Gäste.«

»Wir wollten gerade gehen«, sagte Zeliş.

Die Hexe warf ihr einen bösen Blick zu. »Ihr könnt hier nicht weiter. Das verbiete ich. Zurück mit euch!«

»Warum?«

»Weil ihr Kinder seid und ich eine Hexe bin, also muss ich euch schlecht behandeln.«

»Also nur weil es von dir erwartet wird, tust du etwas, das du gar nicht willst?«, fragte Liane.

Die Hexe stutzte. Erst dachte sie eine Weile nach, dann nickte sie. »Ja!«

»Das ist Unsinn«, sagte Liane. »Auch wenn du eine Hexe bist, kannst du dich ändern. Wenn du wirklich willst, kannst du auch nett sein.«

»Nett? Ich? Wenn ich nett bin, bin ich nicht mehr ich selbst. Alle Hexen sind böse.«

»Nur weil andere Hexen böse sind, musst du es nicht auch sein. Du bist eben anders. Du hast ein anderes Gehirn, eine andere Persönlichkeit.«

Die Hexe sah verdutzt drein. So hatte noch nie jemand mit ihr geredet. »Eigentlich will ich gar nichts Böses tun. Dann hassen mich nämlich alle Kinder. Ich will aber geliebt werden. Es ist schwer, eine Hexe zu sein.«

»Dann hör auf, Böses zu tun«, sagte Liane.

»Hmm … Vielleicht tue ich noch ein bisschen etwas Böses«, sagte die Hexe. »Ich erlaube euch, durch den Wald der vielen Möglichkeiten zu ziehen, aber leichtfallen soll es euch nicht. Ihr werdet nämlich nicht nur einen Weg vor euch haben, sondern vier.«

»Vier verschiedene Wege?«, sagte Zeliş. Sie schielte auf ihr Armband. Wie sollten sie ohne die Karte ihr Ziel finden?

»So ist es. Erde, Wasser, Feuer, Luft. Also, welchen Weg sucht ihr euch aus?«

»Das ist aber gemein«, sagte Liane. »Wir brauchen wenigstens einen Hinweis.«

Die Hexe lachte. »Im Leben bekommt man nicht immer Hinweise. Aber gut, wenn du unbedingt einen willst: Einer dieser Wege ist der richtige, die anderen sind falsch. Wenn ihr den richtigen Weg geht, seid ihr im Handumdrehen da. Wenn ihr einen falschen Weg wählt, müht ihr euch ganz umsonst ab.«

Liane, Zeliş und Asutay redeten darüber, welcher Weg wohl der richtige sein könnte. Liane war für das Feuer, Zeliş für die Erde, Asutay für das Wasser. Sie konnten sich nicht einigen und begannen schon, aufeinander böse zu werden.

»Streiten wir nicht«, sagte Liane schließlich. »Das nützt keinem was. Ich gebe meine Wahl auf, und um zwischen Erde und Wasser zu entscheiden, werfen wir am besten eine Münze.«

Damit waren die anderen einverstanden. Bei Kopf würden sie den Erdweg nehmen, bei Zahl den Wasserweg. Liane holte eine Münze aus der Tasche und warf sie in die Luft.

»Kopf!«

Zeliş hatte gewonnen. Asutay verzog das Gesicht, sagte aber nichts. So machten sie sich auf den Weg.

Liane begann zu zweifeln. Vielleicht hatten sie sich zu schnell entschieden. Vielleicht hätten sie länger nachdenken sollen. Und wenn es nun ein falscher Weg war? Sie blickte ihre Gefährten an. Auch die hatten sorgenvolle Gesichter.

Aber die Entscheidung war nun mal gefallen und furchtsam gingen die drei auf den Erdweg zu.

Was sie wohl dort erwartete?

Kapitel elf

ERDE

Der Erdweg schlängelte sich dahin. Zeliş ging mit den Pferden am Zügel voraus, Asutay und Liane trotteten hinterher.

Sie kamen durch ein Kamillenfeld, das so schön war, dass Liane vor Freude in die Hände klatschte. Wenn man durch die Natur wanderte, war man doch viel glücklicher. In der Stadt vergaß man den

Geruch der Erde. Auf dem achten Kontinent hatte niemand die Umwelt verschmutzt. Nirgendwo lagen leere Dosen oder Plastikflaschen herum.

»Bei euch ist es aber sauber«, sagte Liane voller Neid.

»Das ist unser aller Haus«, antwortete Asutay. »Eine andere Heimat haben wir nicht. Hier liebt jeder die Natur.«

»Du stotterst ja gar nicht mehr«, sagte Liane.

Asutay lächelte. »Mit Leuten, zu denen ich Vertrauen habe, stottere ich weniger. Wenn ich mir Sorgen mache, dagegen mehr. Oder wenn ich jemanden erst kennenlerne.«

»Und warum machst du dir Sorgen?«

»Weil ich nicht ausgelacht werden will.«

Liane senkte den Kopf. Asutay ging es also so wie ihr. »Es ist gar nicht so wichtig, was andere über dich denken«, sagte sie. »Leute können dich ganz zu Unrecht auslachen. Aber das ist ihr Problem, nicht deins. Du musst stark und ruhig sein, dann tun Worte dir nicht weh.«

Kaum sagte sie das, hielt sie erstaunt inne. So hatte sie noch nie geredet. Eigentlich sagte sie diese Worte nicht zu Asutay, sondern zu sich selbst. Indem sie ihm einen Rat gab, gab sie sich selbst einen.

»Wenn ich das so mache, wird keiner mich mögen«, sagte Asutay. »Dann bin ich ganz allein.«

»Warum sollte dich keiner mögen? Außerdem kommt es gar nicht darauf an, dass alle dich mögen. Erst mal musst du dich selbst mögen. Dann hast du gleich auch mehr Freunde.«

Da kam Zeliş angelaufen. »Dort vorne ist eine komische Brücke.«

Neugierig gingen die Kinder weiter. Vor ihnen tat sich eine tiefe Schlucht auf, über die eine lange, schmale Hängebrücke führte. Sie war weder aus Holz noch aus Stein, sondern aus Glas und sah beängstigend aus. Und an der Brücke stand eine missmutig wirkende Fee. Liane staunte. In Märchen waren Feen immer lieb und freundlich. Diese Fee sah gar nicht aus wie in den Büchern.

»Halt!«, rief sie. »Über diese Brücke dürft ihr nicht rüber. Verboten!«

»Aber warum denn?«, fragte Zeliş.

»Verboten, habe ich gesagt«, sagte die Fee.

Liane wusste, dass man mit griesgrämigen, zänkischen Menschen nicht streiten sollte. Sie fing es klüger an und stellte eine andere Frage. »Ist denn bisher nie jemand über die Brücke gegangen?«

»Doch, die konnten meine Fragen beantworten.«

»Vielleicht können wir das auch«, sagte Zeliş hoffnungsvoll.

»Das glaube ich nicht. Versuchen können wir es aber. Ich warne euch jedoch, meine Fragen sind schwer.«

Liane wurde unruhig. Falls eine Frage über Erdkunde kam, würde sie die Antwort bestimmt wissen. Doch wie war es mit Mathematik? Kaum dachte sie das, fiel der Blick der Fee auf sie.

»Ich stelle euch eine mathematische Frage!«

Das durfte doch nicht wahr sein! Die Fee hatte offenbar ihre Gedanken gelesen. Also war es besser, sich keine Sorgen zu machen. Das merkte Liane aber zu spät. Sie war in die Falle gegangen und jetzt kam eine Mathematikfrage.

»Das schaffe ich nicht«, sagte Liane.

»Du hast es ja noch gar nicht versucht. Woher willst du wissen, dass du es nicht schaffst?«, fragte die Fee.

»Weil … weil ich in Mathematik nicht gut bin. Eigentlich …«

»Eigentlich?«

»Bin ich die Klassenletzte.« Sollte die Fee ruhig lachen, das war Liane egal, sie sagte einfach die Wahrheit.

Die Fee lachte aber gar nicht. »Hast du vor Mathematik Angst, weil du nicht gut darin bist, oder bist du in Mathematik nicht gut, weil du Angst davor hast?«

»Wahrscheinlich beides«, sagte Liane und nahm sich vor, diesen Satz in ihr Tagebuch zu schreiben.

»Dann hör mir gut zu, die Frage lautet: Wie viele Spitzen hat ein Stern?«

Liane war so aufgeregt, dass sie die Frage nicht beantworten konnte.

»Ha, ihr wisst es nicht?«, spottete die Fee. »Ich gebe euch aber noch eine Chance. Jetzt geht es um Naturkunde.«

Liane schöpfte Hoffnung. Die Fee fragte aber nicht sie, sondern wandte sich Asutay zu, denn vor dem Thema fürchtete er sich am meisten. Sie deutete mit dem Finger auf ihn und sagte: »Du bist dran. Dir stelle ich eine Frage zum Land der Geschichten.«

»M…mi…mir?«, fragte Asutay.

»Keine Sorge«, flüsterte Liane, »das schaffst du.«

»Welches Erz findet sich am häufigsten im Boden des Landes der Geschichten und wozu wird es benutzt? Ich gebe dir einen Hinweis: Damit kratzen sich die Tiere am Schwanz, denn sie wissen, dass es nicht tierisch wehtut.«

Asutay war so aufgeregt, dass er zu weinen anfing. Den Hinweis hatte er nicht mal mitbekommen. »W…w… weiß ich nicht.«

Die Fee lachte auf. »Das ist doch ganz leicht. Natürlich der Stachelstein!«[1]

»Gib uns eine letzte Chance«, sagte Liane.

---

1 Der Stachelstein ist ein zackiges, hartes Erz, das vor allem im Gebirge vorkommt, in dem Drachen leben. Die Tiere dort kratzen sich damit den Schwanz, und wenn es regnet, schmilzt der Stein und verwandelt sich in Zucker.

»Nun gut, doch wenn ihr die Antwort wieder nicht wisst, habt ihr verloren und müsst zurück.«

Da legte Liane ihren Freunden die Arme um die Schultern und flüsterte ihnen zu: »Ich weiß jetzt, wie die Fee das macht. Sie liest uns unsere Ängste ab. Je sicherer wir uns fühlen, umso leichter werden auch die Fragen. Doch wenn wir Angst haben, werden sie schwerer.«

»Aha«, sagte Zeliş.

Gemeinsam riefen sie: »Wir sind bereit!« Und alle drei setzten entschlossene Mienen auf. Keiner von ihnen zitterte.

»Es zerbricht leicht, ist aber weder aus Porzellan noch aus Glas. Und wenn es gebrochen ist, können wir es nicht sehen. Was ist es?«

»Das ist einfach!«, rief Liane aus.

»Ach was, das findet ihr nie!«

Die Kinder sahen sich lachend an. Alle drei wussten die Antwort. Wie aus einem Mund riefen sie: »Das Herz!«

Als die Fee das hörte, verzog sie das Gesicht. »Na gut«, sagte sie und trat unwillig beiseite. »Dann geht eben rüber.«

Das taten sie. Als sie später aus dem Wald herauskamen, gingen sie viel beschwingter dahin.

»Wenn man sich nicht so viele Sorgen macht, schafft man die Dinge leichter«, sagte Asutay.

»Ja«, sagte Liane, holte ihr Heft heraus und schrieb sich auch diesen Satz auf. Dann lächelte sie. »Mir ist ein Gedanke gekommen. Wenn du mit Menschen zusammen bist, die du magst, stotterst du doch weniger?«

»Ja.«

»Am besten, du bist immer mit einem Freund unterwegs.«

»Aber wie soll ich immer und überall einen Freund dabeihaben?«

»Den hast du schon. Sogar einen, der sich nie von dir trennt.«

»Und wer soll das sein?«, fragte Asutay verwundert.

»Natürlich du selbst! In dir drin ist jemand, der dich immer versteht.«

Bald kamen sie wieder zu einem gelben Kamillenfeld. »Das kommt mir doch bekannt vor«, sagte Liane.

»Oje«, sagte Zeliş, »da waren wir vorher schon!«

Der Weg schlängelte sich dahin, aber wie eine Schlange, die sich selbst in den Schwanz beißt. Sie hatten sich im Kreis gedreht und waren an den Ausgangspunkt zurückgekehrt. Und wen sahen sie kurz darauf vor sich? Die Hexe, die sie grinsend empfing.

»Warum hast du uns nicht gesagt, dass wir auf dem Erdweg an denselben Ort zurückkehren?«, sagte Zeliş erbost.

»Es ist nicht mehr derselbe«, erwiderte die Hexe. »Ihr habt etwas Neues gelernt und euch dadurch etwas verändert. So seid ihr nun andere Menschen.«

Die Kinder hörten ihr gar nicht zu, so enttäuscht waren sie.

»Ich habe es euch gleich gesagt, wir hätten den Wasserweg wählen sollen«, jammerte Asutay.

»Dann gehen wir eben zurück«, sagte Liane. »Die richtige Wahl muss der Wasserweg sein.«

So zogen sie wieder los.

Kapitel zwölf

WASSER

Bald waren sie müde und hungrig und machten eine Pause an einem Fluss. Durstig tranken sie das klare, frische Wasser. Als sie wieder aufblickten, sahen sie einen Fischschwarm vorbeikommen. Hunderte von Fischen schwammen in Panik dahin, als ob sie vor etwas flüchteten.

»Was ist da los?«, fragte Liane.

Kaum hatte sie die Frage gestellt, da streckte ein Lachs den Kopf aus dem Wasser und fing an zu sprechen. Die Kinder staunten ihn an.

»Was ist denn?«, fragte der Lachs. »Können im Märchen Fische etwa nicht reden?«

»Ja, im Märchen«, sagte Liane.

»Nicht nur im Märchen! Eigentlich reden Fische immer. Deshalb machen wir immer den Mund auf und zu. Wir reden, aber ihr hört uns nicht.«

Da holte Liane ihr Heft heraus und schrieb sich auch das auf:

Wenn du manchmal nicht weißt, was jemand gesagt hat, dann liegt es nicht daran, dass er nicht geredet hat, sondern daran, dass du ihn nicht gehört hast.

»Warum schwimmt ihr so schnell davon?«, fragte Asutay.

»Weil die Flüsse austrocknen und das Wasser immer weiter zurückgeht. Die Bäche, in denen wir früher frei herumschwammen, gibt es nicht mehr. Wir schwimmen dorthin, wo das Wasser noch klar ist, aber bald gibt es solche Stellen nicht mehr. Unser Leben ist in Gefahr!«

»Unser Land ist aus dem Gleichgewicht geraten«, sagte Zeliş traurig. »Wir müssen so schnell wie möglich die gesammelten Gedanken in unsere Hauptstadt Alphabetopolis bringen.«

»Aber wie sollen wir da hin…nüber?«, fragte Asutay.

Da merkten sie erst, wie breit und tief und lang der Fluss doch war.

»Damit ihr da hinüberkönnt, müsst ihr eine Bedingung erfüllen, nämlich meine Fragen beantworten. Also: Das Wasser in einem Glas ist farblos, warum sind dann die Meere blau?«

»Das weiß ich«, sagte Liane sofort. »Es hat mit den Sonnenstrahlen zu tun. Die Wasserteilchen im Meer verschlucken die Rottöne der Sonnenstrahlen und spiegeln die Blautöne wider.«

»Bravo«, sagte der Fisch. »In Naturkunde scheinst du dich auszukennen. Dann stelle ich mal eine Frage zu unserer Welt hier. Wie heißt unser längster und wichtigster Fluss? Hier ein Hinweis: Sein Name stammt von einem Tier, er ist uns hier die größte Zier.«

»Das ist ja ganz einfach!«, rief Liane aus. Auch wenn sie erst seit Kurzem im Land der Geschichten war, verließ sie sich auf ihre Beobachtungsgabe und ihren Instinkt. So dachte sie sich, der längste Fluss musste wohl der sein, den sie vor sich hatten, und in dem lebten Lachse. »Der Lachsfluss!«, sagte sie.[2]

---

2 Der Lachsfluss im Land der Geschichten ist mit 7380 km Länge der längste Fluss der Welt. Nach den Lachsen ist er wohl benannt, weil er orangefarben ist.

»Stimmt«, rief der Fisch verwundert aus. »Bist du auch gut in Sport? Möchtest du mit mir um die Wette schwimmen?«

Liane senkte den Kopf. In Sport war sie nie gut gewesen. »Mit dir kann ich es nicht aufnehmen.«

»Macht doch nichts. Manchmal macht ein Wettkampf auch einfach so Spaß, sogar mehr als das Gewinnen. Also, machst du mit?«

Liane zögerte. Wenn man sich auf einen Wettkampf einließ, wollte man doch unbedingt gewinnen. Was sollte Spaß machen, wenn man von vornherein wusste, dass man verlieren würde?

»Nein, da mache ich nicht mit«, sagte sie. Und bereute es sogleich. Sie merkte, dass sie einen Fehler gemacht hatte. Vielleicht war nicht das Gewinnen wichtig, sondern das Mitmachen. Nicht der Erfolg war von Bedeutung, sondern dass man es wirklich versuchte. Sich bemühte.

»D…dann m…mache ich es v…vielleicht«, sagte Asutay schüchtern.

Er war der beste Schwimmer der drei. So beschlossen sie, dass er mit dem Fisch um die Wette schwimmen sollte.

Mit angespannter Miene sprang Asutay ins Wasser und eine Weile konnte er mit seinem Konkurrenten mithalten. Dann aber zog der Fisch davon und gewann mit klarem Vorsprung.

Als Asutay wieder an Land stieg, sah er noch trübseliger drein als zuvor und seine Locken klebten ihm am Kopf. Von überall troff ihm das Wasser herab. Er seufzte tief: »Der Wasserweg ist schon sehr schwer. Den hätten wir nicht wählen sollen. Damit haben wir zu viel Mühe.«

»Finde ich auch«, sagte Zeliş. »Wenn schon der Anfang so schwierig ist, wie soll es da erst weitergehen? Gehen wir lieber wieder zurück.«

Der Lachs schwamm wieder herbei. »Gebt doch nicht so schnell auf, das ist ein Fehler. Macht weiter. Wenn ihr bei der ersten Niederlage schon den Mut verliert, werdet ihr es nie weit bringen. Man darf sich nicht gleich geschlagen geben, sondern muss weiterkämpfen.«

Die Kinder aber hörten nicht auf ihn.

»Am einfachsten ist wohl doch der Feuerweg«, meinte Liane. »Ich hatte es ja gleich gesagt. Ich bin sicher, dort kommen wir besser vorwärts.«

So gingen sie zurück in den Wald der vielen Möglichkeiten und wählten diesmal den Feuerweg.

Das musste wohl der richtige sein. Und wenn doch nicht?

Kapitel dreizehn

FEUER

Sobald sie den Feuerweg einschlugen, wurde es schlagartig wärmer.

»Mensch, wie ich schwitze«, sagte Liane.

»Ist das heiß hier«, jammerte Asutay.

Sie zogen ihre Jacken aus, doch je weiter sie kamen, umso mehr setzte die Hitze ihnen zu. Nach einer Weile sahen sie am Weg ein paar Glühwürmchen. Eines flog auf sie zu.

»Warum leuchtest du nicht?«, fragte Zeliş.

»Eigentlich leuchten wir, ihr könnt das nur nicht sehen. Wartet, bis es Nacht wird. Erst im Dunkeln sieht man so richtig, wie schön wir sind.«

»So seid ihr auch schön«, sagte Liane.

»Danke, du bist eine sehr nette Riesin.«

»Eine Riesin? Ich bin doch keine Riesin.«

»Dir kommt es nicht so vor, aber für uns seid ihr Riesen.«

Liane staunte. Bisher hatte sie sich noch nie als Riesin gesehen. Auch das schrieb sie in ihr Heft: Je nachdem, wer einen anschaut, verändert man sich. Dem einen erscheint man als Riese, dem anderen als Zwerg.

Sie gingen weiter. Im Inneren des Landes der Geschichten sahen sie, wie die Bäche vertrockneten und die Erde vor lauter Durst Risse bekam. An manchen Stellen waren tiefe, dunkle Löcher entstanden. Es war furchtbar, mit anzusehen, wie die Natur sich veränderte.

»Wir trocknen aus«, sagte Zeliş mit Tränen in den Augen. »Unser Land geht zugrunde.«

Auch Liane war traurig über das, was sie sah. »Und keiner weiß das«, sagte sie. »Wenn ich zurück in der Schule bin, muss ich das allen erzählen. Ich muss ihnen sagen, dass der achte Kontinent vernichtet wird, wenn wir unsere Fantasie nicht spielen lassen.«

»Und wenn sie dir nicht glauben?«, fragte Asutay besorgt.

»Macht nichts. Es reicht, wenn mir ein paar glauben. Die anderen ziehen dann vielleicht nach.«

Als sie vor lauter Hitze nicht mehr konnten, sahen sie auf einmal einen Verkaufsstand mit einer großen Karaffe eisgekühlter Limonade und gegrillten Maiskolben. Daneben stand ein Drache.

»Hallo«, sagte Liane. »Ich habe noch nie einen Drachen gesehen, der Limonade verkauft.«

»Was soll ich machen? Ich bin arbeitslos«, sagte der Drache.

»Warum?«

»Früher arbeiteten wir Drachen in den Märchen. Wir begleiteten die Helden und erlebten mit ihnen Abenteuer. Den Beruf haben schon mein Vater, mein Großvater und mein Urgroßvater ausgeübt. Aber jetzt ist alles anders. Wenn es keine Märchen mehr gibt, wie sollen wir da Arbeit finden? Überleg doch mal, was soll ein Drache wie ich anderes machen? So verkaufe ich eben Limonade, um mich durchzubringen.«

Die Kinder sahen den Drachen mitleidig an. Er aber sagte missmutig: »Wenn ihr hier durchwollt, müsst ihr mir Limonade abkaufen.«

»Wir h…haben aber kein G…geld«, stotterte Asutay.

»Dann stelle ich euch Fragen, die mit dem Feuer zu tun haben. Also: Wie heißt die heiße Schicht unter der Erdkruste?«

»Magma!«, rief Liane aus. »Wenn das Magma an die Oberfläche kommt, bricht ein Vulkan aus.«

»Bravo. Ich sehe schon, du weißt so einiges. Dann

stelle ich dir mal eine andere Frage: Wie heißt der höchste Berg im Land der Geschichten? Soll ich dir einen Hinweis geben? Er wechselt jeden Tag die Farbe. Mal ist er gelb, mal grün, mal blau.«

Während Liane sich noch zu erinnern versuchte, was sie um sich herum gesehen hatte, gab Zeliş bereits die Antwort. »Natürlich der Regenbogenberg!«[3] Zeliş träumte schon lange davon, einmal auf den Berg zu klettern, wenn er gerade blau war.

Der Drache stellte eine dritte Frage: »Könnt ihr Maiskolben grillen, ohne euch dabei die Hände zu verbrennen?«

Die Kinder sahen sich an. Was könnte leichter sein? Wie aus einem Mund riefen sie: »Natürlich!«

»Es ist aber ein Wettlauf gegen die Zeit. Ihr habt eine Stunde Zeit, um mit dem Berg da fertigzuwerden«, sagte der Drache und zeigte auf etwas großes Gelbes.

Als die Kinder genau hinschauten, sahen sie, dass sie nicht einen Berg vor sich hatten, sondern einen riesigen Haufen aufgestapelter Maiskolben. Es

---

3 Da die Berge im Land der Geschichten nicht sehr hoch sind, ist der Regenbogenberg mit seinen 1430 Metern der höchste von ihnen.

mochten Hunderte sein, ja vielleicht Tausende. Bis sie die alle geschält, gewaschen und gegrillt hatten, würden Stunden vergehen. Sie verloren den Mut.

»Hätten wir doch bloß nicht diesen Pfad gewählt«, klagte Liane.

»Der Feuerweg ist uns zu schwer«, sagte Zeliş. »Gehen wir lieber zurück. Der richtige Weg muss der sein, den wir noch nicht versucht haben.«

»Also der Luftweg«, sagte Asutay.

»Tut das nicht«, sagte der Drache, »das ist ein Fehler. Wenn ihr bei der ersten Schwierigkeit aufgebt, werdet ihr es nie zu etwas bringen. Etwas Leichtes gibt es im Leben nicht.«

Sie hörten aber nicht auf ihn, sondern kehrten zum Wald der vielen Möglichkeiten zurück. Von vier Möglichkeiten hatten sie drei ausprobiert.

Nun war der Luftweg an der Reihe.

Sie waren sicher, diesmal richtig gewählt zu haben.

Kapitel vierzehn

LUFT

Der vierte Pfad ließ sich gut an. Es wehte ein leichter, angenehmer Wind. Bald kamen sie an einen Ort, an dem sich mehrere Windmühlen drehten. Darüber flogen Vögel dahin, und einer fiel ihnen besonders auf, denn sein Schnabel glänzte wie Gold.

»Wer bist du?«, fragte ihn Liane.

»Ich heiße Umay und komme von jenseits des Berges Kaf.«

»Den gibt es gar nicht wirklich, nur im Märchen«, sagte Liane sogleich.

»Nicht nur im Märchen«, erwiderte der Vogel. Das hatte zuvor schon der Lachs gesagt.

»Und was machst du am Berg Kaf? Warum bist du dort?«

»Einen Vogel wie mich gibt es sonst nirgends. Alle sehen mich schief an und flüstern hinter meinem Rücken. Manche spotten über mich und werfen sogar Steine nach mir.«

»Aber warum?«

»Weil ich anders bin. Deshalb bin ich einsam.«

Lianes Augen glänzten. »Ich bin auch so wie du«, sagte sie.

»Ach was, du hast weder bunte Flügel noch einen goldenen Schnabel.«

»Federn und einen Schnabel habe ich nicht, aber ich weiß, wie es ist, wenn man sich einsam fühlt. Mein Name ist so seltsam, dass die anderen Schüler sich immer über mich lustig machen. Deshalb verstehe ich dich gut.«

»Dann steigt auf meinen Rücken, ich bringe euch von hier fort.«

Und schon flogen sie auf. Bald sahen sie noch andere Vögel.

»Wer sind die?«, fragte Liane.

»Die sind so wie wir. Jeder fühlt sich aus irgendeinem Grund ausgeschlossen.«

»Sind das Geier?«

»Ja. Die mag niemand, weil sie angeblich hässlich sind. Die Menschen sind sonderbar. Manche Vögel lieben sie, andere hassen sie. Dabei sind es alles nur Vögel und jeder hat in der Natur seinen Platz. So sehen die Menschen das aber nicht. Sie mögen Kanarienvögel und sind ganz verrückt nach Nachtigallen, aber niemand hat für Geier etwas übrig.«

»Und die da? Das sind doch Raben, oder?«

»Ja. Über die heißt es, dass sie Unglück bringen.«

»Ah, schau, dort sind Krähen.«

»Die werden überall weggescheucht.«

»Leben all diese Vögel am Berg Kaf?«

»Ja«, sagte Umay. »Die Vögel, die hier nicht geliebt werden, haben dort ihre Nester. Im Garten der einsamen Vögel.«

»Der Garten der einsamen Vögel …«, wiederholte Liane. Der Name gefiel ihr.

Sie begriff nun, dass nicht nur Menschen sich manchmal einsam fühlten, sondern auch Vögel, Fische, Drachen und sogar Hexen. Jeder hatte es auf seine Weise im Leben nicht leicht und jeder hatte seine eigene Geschichte.

Und ihr war nun klar, dass es im Leben keinen leichten Weg gab. Für welchen Weg man sich auch entschied, immer begegneten einem Hürden und Hindernisse. Und auf jedem Pfad warteten ganz eigene Prüfungen. Und eigentlich war das gar nicht so schlimm. Wichtig war nur, dass man stets sein Bestes gab. Außerdem brauchte man nicht immer zu gewinnen. Auch wer verlor, lernte viel daraus. Und wenn das Lernen ein Gewinn war, gewann man also auch beim Verlieren.

Ja, jede Niederlage war eigentlich ein Gewinn.

Sie wandte sich ihren Freunden zu. »Hören wir endlich auf, an jedem Weg herumzuzweifeln. Damit machen wir uns nur verrückt. Gehen wir einfach entschlossen weiter.«

Zeliş und Asutay gaben ihr recht. Sie gingen weiter und redeten dabei noch mit einigen anderen Vögeln.

Unterwegs mussten sie hundert Windrosen reparieren, mussten tausend Flugdrachen auseinanderdröseln, deren Schwänze sich verknotet hatten, und mussten zehntausend Vogelfedern aufheben. Sie ließen sich aber nicht abschrecken und taten eins nach dem anderen.

Vielleicht war der Luftweg sogar der schwerste, aber diesmal gaben sie nicht auf.

Nach Stunden sahen sie aus der Ferne endlich Alphabetopolis. Zeliş und Asutay klatschten freudig in die Hände. Da aber spielte ihnen der Luftweg einen letzten Streich. Es kam ein so heftiger Wind auf, dass die Säcke, die sie dabeihatten, alle aufgerissen wurden. Die kreativen Gedanken, die Zeliş unterwegs einzeln gesammelt und in den Säcken verstaut hatte, wurden herausgeschleudert und flogen durch die Luft.

»Nein!«, schrie Zeliş.

Verzweifelt versuchten sie, die Gedanken wieder einzusammeln. Manche aber blieben an Bäumen hängen, andere auf Dächern und wieder andere fielen in Schluchten. Nur eine Handvoll Gedanken bekamen sie zu fassen, und auch von denen war die Hälfte nicht mehr brauchbar.

Zeliş weinte los. »Jetzt sind wir verloren!«

Liane umarmte die beiden Freunde. »Seid nicht traurig.«

»Wie sollen wir nicht traurig sein! Alle kreativen Gedanken sind fort. Das ist furchtbar!«

»Ja, schon, aber die Quelle der Kreativität liegt in euch.«

Zeliş seufzte.

»Ihr braucht nirgendwo anders hinzugehen, um Gedanken zu sammeln«, sagte Liane. »Die schönsten Gedanken findet ihr nämlich selbst.«

»D…das h…haben wir n…noch n…nie g…gemacht«, stotterte Asutay.

»Gebt einfach allen Kindern in der Stadt einen Stift und ein Blatt Papier in die Hand«, sagte Liane. »Und lasst sie dann tun, was sie wollen. Sagt nicht zu ihnen: ›Du bist ein Kind, das kannst du noch nicht. Du bist ein Kind, das verstehst du noch nicht.‹ Erklärt ihnen alles. Redet mit ihnen. Ermutigt sie. Sagt zu ihnen: ›Das kannst du.‹ Macht ihnen Mut. Sagt ihnen, sie sollen eine Geschichte erzählen, ein Märchen erfinden, ein Gedicht schreiben oder etwas zeichnen. Ich bin sicher, dass sie auf tolle kreative Gedanken kommen.«

Zeliş und Asutay sahen sich an. Sie waren zwar

noch nicht ganz überzeugt, aber eine andere Wahl hatten sie nicht. So beschlossen sie, es zu versuchen.

Auf dem größten Platz der Stadt Alphabetopolis versammelten sich Tausende von Kindern und bekamen Hefte, farbige Stifte und Radiergummis.

Der Bürgermeister der Stadt hielt von einer Bühne aus eine Rede: »Liebe Kinder, wie ihr wisst, erlebt unser Land eine Katastrophe. Die kreativen Gedanken, die unter größten Mühen hierhergeholt wurden, sind verloren gegangen.«

Die Kinder auf dem Platz ließen erkennen, wie enttäuscht sie waren.

»Wir lassen uns aber nicht unterkriegen«, fuhr der Bürgermeister fort. »Unsere Freundin Liane hat uns aufgemuntert. Ihr Kinder sollt jetzt einfach so viel schreiben und zeichnen und malen, wie ihr wollt. Ihr könnt Gedichte schreiben, Liedtexte, Rätsel, Witze. Dank eurer Kreativität wird der Kontinent wiederaufleben, davon bin ich fest überzeugt.«

Manche Kinder kicherten, andere machten sich sofort ernsthaft ans Werk. Zum ersten Mal wurden im Land der Geschichten eigene Gedanken entwickelt. Noch bevor der Abend hereinbrach, waren Hunderte von Geschichten, Märchen, Gedichten und Rätseln entstanden. Zeliş, Asutay und Liane halfen dabei. Während alle so arbeiteten, begannen die Bäche, sich Tropfen für Tropfen wieder zu füllen, und in die vertrockneten Bäume kam wieder Leben. Das ging sehr langsam vor sich, aber es machte wieder Mut.

»Wenn du nicht gewesen wärst, hätten wir das nicht geschafft«, sagte Zeliş zu Liane. »Du hast nie aufgegeben und bist eine tolle Reisegefährtin. Vielen, vielen Dank!«

»Ihr habt ja alles selbst gemacht«, antwortete Liane. »Ich habe euch nur dabei geholfen. Und habe viel von euch gelernt.«

Sie waren alle gerührt. Die Stunde des Abschieds war gekommen. Mit Tränen in den Augen umarmten Liane, Asutay und Zeliş einander.

»Oje!«, rief Liane aus. Ihr fiel die Großmutter wieder ein. Es war schon so spät geworden. Womöglich suchte die Großmutter schon nach ihr. Liane wollte ihr auf keinen Fall Kummer bereiten.

»Ich muss schnell nach Hause, bevor die Nachbarinnen sich verabschieden«, sagte sie aufgeregt.

»Keine Sorge«, beruhigte Zeliş sie. »Wir geben dir das schnellste Pferd unseres Landes, dazu noch einen verwunschenen Globus und ein Armband, so wie wir sie haben! Damit bist du im Handumdrehen wieder zu Hause. Vergiss nur nicht, den Globus zum Aufladen wieder zwischen Büchern zu verstecken.«

Liane lächelte. Der achte Kontinent mit seinen Hexen, Fischen und Drachen würde ihr fehlen.

Kapitel fünfzehn

DAS TICKEN DER UHR

Über Lianes Heimatstädtchen huschte blitzschnell ein Pferdeschatten.

»Erst muss ich noch wohin«, sagte Liane und klatschte dreimal in die Hände.

Das fliegende Pferd nickte. Sanft segelten sie hinab.

Liane betrat aufgeregt das Schreibwarengeschäft. Was war aus dem verwunschenen Globus geworden?

Der Buchhändler Nazım saß da und las. Als er Liane sah, wunderte er sich.

»Hallo«, sagte Liane. »Erkennen Sie mich? Ich war vor Kurzem schon mal da.«

»Und ob ich dich erkenne. Ihr habt nach einem Buch gefragt und dann seid ihr verschwunden.«

Liane traute ihren Ohren nicht. »Dann haben sie meine Freunde also auch gesehen?«

»Vielleicht ja, vielleicht nein«, sagte Nazım rätselhaft.

»Also, an dem Tag habe ich … haben wir einen Globus vergessen. Haben Sie den vielleicht gefunden? Er war auf einem Regal dort …«

Nazım gab erst keine Antwort. Er schlug sein Buch zu und legte es beiseite. Dann nahm er die Lesebrille ab und sagte geheimnisvoll: »Einen Globus … ja, doch.«

»Kann ich den bitte zurückhaben?«

»Leider nicht.«

Liane sah betrübt drein. Auf diese Antwort konnte sie sich keinen Reim machen.

»Den Globus habe nicht ich gefunden, sondern

mein Sohn«, erklärte Nazım. »Und der ist nicht wie ich, er liest nicht gern. Hätte ich den Globus gefunden, hätte ich ihn nicht weggenommen, sondern gewartet, bis ihr zurückkommt.«

»Und was hat Ihr Sohn damit gemacht?«

Nazım sah zu Boden. »Er hat ihn seiner Verlobten geschenkt.«

»Oje! Dann ist der Globus weg.«

»Nicht unbedingt. Sie ist ein kluges Mädchen, das gerne liest, nicht so wie mein Nichtsnutz von Sohn. Sie kann das Land der Legenden, Märchen und Geschichten entdecken.«

Liane zuckte zusammen. »Was? Sie wissen davon?«

Nazım lächelte väterlich. »Ich erzähle dir jetzt mal eine Geschichte. Vor Jahren lebte hier im Städtchen ein Junge, der viel für Bücher übrighatte. Niemand um ihn herum las so gerne wie er, weder seine Eltern noch seine Verwandten und Freunde. Und niemand verstand seine Leidenschaft fürs Lesen.«

Liane hörte aufmerksam zu.

»Dem Vater war es gar nicht recht, dass sein Sohn so viel las. ›Jetzt reicht's, ich will dich nicht mehr mit einem Buch in der Hand sehen. Ich verbiete dir das Lesen‹, sagte er. Der Sohn fing an, auf den Feldern zu arbeiten, aber mit dem Kopf war er immer bei den Büchern. Als er eines Morgens den Boden pflügte, fand er darin eine Kugel mit kleinen Steinen darauf. Er hob sie auf und nahm sie mit nach Hause. Dort merkte er, dass die Kugel, sobald sie in der Nähe von Büchern war, aufleuchtete und dass sie ein Globus war. Der Globus sagte etwas zu ihm, und zwar, dass es noch ein anderes Land gab. Als der Junge groß war, kehrte er nach dem Wehrdienst in seine Heimatstadt zurück und eröffnete dort einen Buchladen.«

Liane hielt den Atem an. »Waren Sie dieser Junge?«

Nazım nickte. »Ja, das war ich.«

»Und wo ist der Globus, den Sie damals gefunden haben?«

Da zog Nazım eine Schublade auf und nahm etwas heraus. Liane konnte es fast nicht glauben. Der Globus sah fast so aus wie ihrer, nur war er älter und blasser.

»Hier, der soll dir gehören«, sagte Nazım. »Das Armband dazu habe ich sowieso nicht. Bei dir ist der Globus in guten Händen.«

»Aber ich habe schon einen.«

»Tatsächlich? Macht nichts. Vielleicht schenkst du ihn mal jemandem. Es gibt ja noch andere Kinder, die so viel lesen und so viele Fragen stellen wie du.«

»Ja, aber …«

»Bitte nimm ihn. Ich bin ja schon alt, zu dir passt der Globus besser.«

»Vielen Dank.«

»Und vergiss nicht, Menschen, die Bücher lieben, gibt es überall, egal ob alt oder jung, arm oder reich, Mann oder Frau, in der Stadt oder auf dem Land. Erkennen kannst du sie leicht. Sie sind meist zurückhaltend und haben viel Fantasie. Und von den Leuten um sie herum werden sie oft nicht verstanden, darum sind sie ein wenig einsam. Sie erzählen die schönsten Geschichten und sie haben etwas gemeinsam: Früher oder später finden die meisten von ihnen einen verwunschenen Globus. So wie den deinen …«

Da kamen Kunden herein, eine Mutter, die ihr Söhnchen an der Hand hielt.

»Wir bräuchten ein Malbuch«, sagte die Frau. »Und Buntstifte.«

»Selbstverständlich«, sagte Nazım und zwinkerte Liane zu.

Die nahm den Globus an sich, und bevor sie den Laden verließ, winkte sie dem alten Buchhändler noch einmal.

»Mach's gut …«, murmelte der ihr hinterher.

Als Liane beim Haus ihrer Großmutter ankam, stieg sie durch das offene Fenster wieder in ihr Zimmer. Canikom schlummerte auf einem Sessel. Die letzten Nachbarinnen mussten schon gegangen sein, denn es herrschte eine seltsame Stille im Haus.

»Liane!«, rief die Großmutter. »Komm doch mal. Wo bist du denn, liest du wieder? Warum antwortest du nicht?«

Liane lief ins Wohnzimmer hinüber. Die Großmutter saß erschöpft auf der Couch und hatte die
müden Füße auf ein Tischchen ausgestreckt.

»War es schön?«, fragte Liane höflich.

»Ach, ich bin so was von erledigt! Und von dem
vielen Lärm ist mir der Kopf angeschwollen wie
eine Trommel. Aber schön war es doch, wir haben uns nett unterhalten. Und du, was hast du gemacht?«

»Ich? Bei mir war's auch schön.« Sie lächelte.
»Sehr schön sogar! Ich habe mich noch nie so
amüsiert.«

Kapitel sechzehn

WIEDER ZU HAUSE

Eine Woche später saßen die Großeltern abends vor dem Fernseher, Canikom hatte sich auf seinem Sessel eingerollt und Liane zeichnete am Tisch den achten Kontinent. Wenn sie zeichnete, was sie gesehen hatte, oder eine Geschichte darüber schrieb, würde sie es nie vergessen. Da klingelte es an der Tür.

Liane lief hin, um aufzumachen. Dann stieß sie einen Freudenschrei aus. Vor ihr standen ihre Eltern.

»Mama! Papa!«

Innig umarmten die beiden ihre Tochter. Liane sah ihren Vater an. »Geht es dir gut? Wie war die Operation?«

Erst war der Vater überrascht, dann musste er schmunzeln. »Du hast es also gewusst. Es ist ziemlich gut gegangen, Gott sei Dank.«

Vor Freude tat Liane einen Luftsprung.

»Wir hätten es dir sagen sollen, entschuldige«, sagte die Mutter. »Aber wir wollten nicht, dass du dir Sorgen machst.«

»Ich weiß.«

Bis spät in den Abend hinein saß die ganze Familie beisammen. Als sie ins Bett gingen, schlief Liane, obwohl sie schon so groß war, in den Armen ihrer Eltern ein. Wie damals als kleines Kind …

Am nächsten Morgen sah sie beim Abschied wehmütig umher. Wie viele Abenteuer sie in diesem verschlafenen Städtchen doch erlebt hatte. Nur war sie sich nicht sicher, wie viel davon Wirklichkeit und wie viel nur ein Traum gewesen war. Vielleicht hatte sie ja alles nur geträumt.

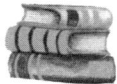

In der Schule versammelten sich alle Klassenkameraden um sie.

»Wo warst du denn?«, fragte einer.

»Erzähl schon, warum warst du nicht da?«, sagte ein anderer.

Liane zögerte. Sie hatte das Gefühl, dass sie den anderen gefehlt hatte. Wie seltsam! Sogar Kinder, die sie sonst immer schlecht behandelten, schienen sich zu freuen, sie zu sehen.

Wenn sie jetzt alles erzählte, würden die anderen ihr dann glauben? Was würden sie denken, wenn sie vom verwunschenen Wald berichtete, von den fliegenden Pferden und von ihren neuen Freunden? Und dass sie auf dem Erd-, dem Wasser-, dem Feuer- und dem Luftweg Abenteuer auf Abenteuer erlebt hatte? Das Alltagsleben mochte oft langweilig sein, doch in der Welt der Geschichten und Träume ging es lustig zu. Wo hier nur zehn Farben waren, gab es dort tausendundeine. Im Alltag war sie vielleicht nur ein gewöhnliches Mädchen, auf dem achten Kontinent dagegen eine Heldin.

Würden die anderen sie verstehen, wenn sie das alles erzählte?

Sie sah sich ihre Klassenkameraden genau an. Der eine war dick, der andere dünn, manche waren einsam und unzufrieden. Der eine hatte zu Hause Probleme, der andere war schlecht in der Schule. Manch einer fand sich hässlich, manch einer war auf andere neidisch und wieder ein anderer kaute an seinen Fingernägeln. Der eine wollte Arzt werden, der andere Architekt. Am liebsten hätte Liane zu ihnen gesagt: »In den Büchern ist Platz für uns alle.«

Noch in derselben Woche startete Liane eine Umweltschutzkampagne. Genau wie das Land der Geschichten austrocknete, weil die Menschen ihrer Fantasie nicht mehr freien Lauf ließen, so ging unsere Welt daran zugrunde, dass die Natur nicht geschützt wurde.

Anfangs zeigten sich nur zwei Schüler interessiert, doch mit der Zeit kamen immer mehr hinzu. Am Ende des Jahres wurde sie von allen Schülern unterstützt. Die Kampagne wuchs an wie eine Lawine und im Wettbewerb zwischen den Schulen wurde sie zur erfolgreichsten Aktion gewählt.

Es gab noch Klassenkameraden, die sich über Liane wegen ihres Namens lustig machten, doch wurden es immer weniger. Wenn sie sahen, dass Liane nicht reagierte und nicht beleidigt war, ließen sogar die größten Spötter von ihrer schlechten Gewohnheit ab.

In diesem Jahr brachte Liane ein gutes Zeugnis nach Hause. Da sie sich vor Mathematik nicht mehr fürchtete, wurden ihre Noten immer besser. Und sie gewann neue Freunde hinzu. Vor allem aber lernte sie, sich selbst zu mögen. Hin und wieder fiel ihr Blick auf die beiden verwunschenen Globusse. Wie es ihren Freunden auf dem anderen Kontinent wohl ergehen mochte?

Eines Tages würde sie allen von ihrer außerordentlichen Reise erzählen, das nahm sie sich fest vor. Aber bis es so weit war, behielt sie ihr Geheimnis für sich. Niemand erfuhr etwas vom achten Kontinent. Mit einer Ausnahme. Und das war ihr geliebtes Tagebuch …

Lieber großer Baum,

es ist schon komisch, wieder in die Schule zu gehen, nachdem ich im Land der Geschichten gewesen bin. Alles wirkt plötzlich ganz anders auf mich. Ohne es zu merken, habe nämlich ich mich verändert.

Dinge, die mich früher betrübten, machen mir jetzt nichts mehr aus und ich ärgere mich viel weniger. Ich weiß ja, dass es noch einen anderen Ort gibt. Eine viel schönere Gegend als hier ...

Ich lerne fleißig, verbringe mehr Zeit mit Freunden und lese sehr viel. Und ich weiß, wenn ich hier einen Roman lese und wenn ich träume oder Geschichten und Gedichte schreibe, dann grünt auf dem achten Kontinent ein Baum, geht eine Blüte auf, ein ausgetrockneter Bach plätschert wieder und ein Vogel zwitschert.

Auch wenn es sonst niemand glaubt, so glaube ich doch, dass das möglich ist.

Liane (Das Mädchen, das seinen Namen nun mag)

Welche Pflanze
bist du?

Der Anfangsbuchstabe
deines Namens verrät
dir deinen neuen
magischen Namen!

A	•	Anemone
B	•	Begonie
C	•	Calla
D	•	Dahlie
E	•	Erika
F	•	Flora
G	•	Gerbera
H	•	Hortensie
I	•	Iris
J	•	Jasmin
K	•	Kamille
L	•	Lilie
M	•	Magnolie
N	•	Nesrin
O	•	Olive
P	•	Poppy
Q	•	Quitte
R	•	Rose
S	•	Sakura
T	•	Tulpe
U	•	Ulme
V	•	Viola
W	•	Weide
X	•	Xanthosoma
Y	•	Yucca
Z	•	Zara

Elif Shafak, in Straßburg geboren, gehört zu den bedeutend-
sten Schriftstellerinnen der Gegenwart. Ihre Werke wurden
in über fünfzig Sprachen übersetzt. Die preisgekrönte Au-
torin schreibt auf Türkisch und Englisch. Mit ihren Artikeln
und Auftritten wurde sie zum viel beachteten Sprachrohr
für Gleichberechtigung und freiheitliche Werte zunächst in
der Türkei, später in ganz Europa. Elif Shafak lebt in London.

www.elifshafak.com

Letzte Seite? Neues Lesefutter:

ISBN 978-3-8458-2575-5

ISBN 978-3-8458-2576-2

ISBN 978-3-8458-2577-9

ISBN 978-3-8458-3396-5

Mehr Infos zu den Büchern findest du unter **www.arsedition.de**
Newsletter abonnieren: **www.arsedition.de/newsletter**

Das Hotel der verzauberten Träume

Im malerischen Strandhotel der Apfel-Schwestern gehen magische Dinge
vor sich. Das hat Joëlle in den Ferien herausgefunden. Die Schwestern
sind nämlich Traumfängerinnen, die die Bewohner der kleinen Stadt von
schlimmen Träumen erlösen. Und Joëlle selbst hat ebenfalls eine besondere
Gabe: Sie ist eine Traumdeuterin, die gefangene Träume befreien und
verlorene an ihre Besitzer zurückgeben kann. Ob Joëlle mit ihren Fähigkeiten
ihrer Freundin Flora helfen kann? Die Ärmste wird von einem schlimmen
Albtraum geplagt. Doch böse Träume sind tückisch und manchmal
nur schwer zu bändigen ...

kunterbunt und liebevoll

arsEdition
... bringt Freude